El invento del Año
Por
Nela van den Brul

Soluciones elementales a toda una gama de problemas de la vida.

En este libro quisiera poder relatar todas las cosas que he aprendido en la vida, para que de esta manera todos mis devanéos mas o menos logrados adquieran un verdadero propósito.

Además de poder añadir todo esto a la educación de mis hijos, ya que ninguna conversación llega tan lejos ni da para tanto y también está siempre la traba de que existen ciertas cosas que dan "corte" expresarlas cara a cara.

El libro no podrá ser exhaustivo de ninguna manera, ya que no son mas que vivencias de una sola persona, una colección de consejos que recibí, casi siempre por información a través de libros u otras personas y que en su momento resultaron un hito en mi historia, algo así como **el invento del año**.

Mi vida se desarrolló de forma bastante burgués, teniendo hijos y encauzando nuestro negocio, sin tener ninguna necesidad de nada mas profundo. Hasta que a partir de cierta edad (digamos 28, 30 años, ni me acuerdo) entró en mi vida la Yoga, los libros de Lobsang Rampa, el vegetarianismo y todas aquellas cosas. O sea algo así como la búsqueda de la Verdad o la visión súbita de mí misma como "experimento andante". Una intuición repentina de que "mi vida debe de tener algún significado". Una etapa del crecimiento en el cual de pronto pasa algo, que no esperabas ni sabías que existía, que madura dentro de tí y hace su repentina aparición. Y: "flop" has pasado de una etapa de tu vida a otra sin haberlo previsto. Esto no tuvo que haber en absoluto con nada exterior a mí. Si tengo que hacer una comparación se me ocurre verlo como la primera menstruación. El impacto es tremendo. Ya que se pasa del escalón inferior de maduración al posterior de golpe.

A causa de los libros de Lobsang Rampa nos entró una verdadera pasión respecto a los temas referentes al yoga y la posibilidad de la clarividencia. Buscamos pues un grupo de Yoga y nos estuvimos dedicando a todo ello bastante tiempo.

Si lees los libros que te aconsejan en los grupos de Yoga, te enteras de personas, generalmente Hindúes, de la India, que llegan al éxtasis (El éxtasis es el momento en que el individuo, durante la meditación contacta directamente con la Consciencia Pura y se le agudiza la percepción y en un momento dado se siente tan grande como toda creación), a través del ascetismo, de la yoga y el vegetarianismo. Pero también te relatan como esas personas consiguen realizar casi milagros o hacen ocurrir milagros en las vidas de los demás. Son Gurús, o Maestros, Iniciados, Adeptos, que tienen el don de la clarividencia y telepatía, tienen también el don de la ubicuidad, lo cual significa que pueden estar en dos sitios a la vez. Están allí para ser Maestros de sus discípulos, Guías. Si tú entonces te dedicas con tanto interés como se narra en esta anécdota:

Un alumno pide a su maestro que le imparta las Enseñanzas. Y el maestro le pregunta si tiene mucho deseo de aprender. Cuando el alumno le contesta que sí, le coge por la cabeza y le hunde dentro del agua del río hasta que casi se ahoga. Después le deja salir y el alumno inspira con desesperación. Entonces le dice el Maestro: "Cuando deseas saber con tanto ahínco como deseas respirar, entonces ha llegado el momento de enseñarte"

Y si te dedicas a aprender y realizar todo lo que se exige de tí en el yoga, como las posturas del Hata yoga, el vegetarianismo y los estudios de "Las Escrituras". Podrás llegar a ese nivel en que se te despierta la clarividencia: podrás recibir la Iniciación.

Como las personas a quienes les interesan estos temas por lo general piensan que eso es el "Sendero", en el principio se desanima gran cantidad de ellas antes de empezar. El resto se aburre a mitad de camino. "Muchos son los llamados, pero pocos los elegidos" dicen los Maestros. Los elegidos seguramente querrán decir los que llegaron a la conclusión adecuada aún "a pesar" de haber elegido éste Sendero.

Pero el camino a través del yoga no es imprescindible.

Aunque a aquella conclusión he llegado después de haber profundizado en el esoterismo como siguiente nivel de estudio. Llegué después del yoga, la parapsicologia y los estudios esotéricos a la conclusión de que es una parafernália grande, un "cacao" de enseñanzas orientales, "Bhagavad Gita" y "Upanishad", posturas complicadísimas, para mucha gente impensables de conseguir. Palabrotas Sánscritas. Y explicaciones sobre nivel Astral y nivel Mental, hasta 7 niveles, 7 veces siete subniveles, Rupa y Arupa. Diferentes Jerarquías de Ángeles y Arcángeles. Divinidades y Devis. Chacras y Kundalini. Olas de vida y átomos ultérrimos. Y el Atman. (Además que lo vas a tener que aplazar, ya que ahora mismo no te puedes acercar a la India).

Para después de unos 11 años llegar a la conclusión que todo se reduce al huevo de Colón. Tres o cuatro conceptos bien concebidos y practicados y a volar....

¿Es mentira pues todo lo que enseñan en Las Escrituras? ¿No es verdad lo que dicen sobre la Kundalini, el yoga, los dioses y las devis?

No es éso lo que quiero decir, sino que para poder utilizar y disfrutar de la lavadora o el coche, no hace falta comprender como funcionan. Aunque si lo deseas puedes estudiar para técnico de lavadoras o mecánico de coches.

Si quieres profundizar te puedes enterar donde compraron las piezas sueltas de los aparatos y estudiar la historia de los países de procedencia. Puedes aprender los nombres de los hombres que fabricaron los tornillos además de su currículum y hasta la química de los metales utilizados.

¡Pero no es necesario!

En este momento de mi vida y respecto a éste tema para mí **el invento del año** fue encontrar los simples ejercicios de relajación y respiración que me enseñaron en clases de parapsicología y después en los cursillos de Silva de control Mental.

La clarividencia existe sin duda. Muchas personas la están teniendo, sin darse cuenta, ya que se creen que es su fantasía la que están experimentando. La podemos despertar bastante fácilmente, como verás, con los ejercícios de relajación. El mejor sistema es éste: Relájate, y después hazte una pregunta sobre cualquier asunto. Todos los fenómenos que vivas después, creetelas, visiones de fantasía o voces interiores. Un porcentaje cada vez más grande resultará ser exacto. Lo único que hace falta es fe. (No fe en Dios, sino fe en la posibilidad de que sea cierto).

> "Desarrolla en tí la confianza en tus voces intuitivas interiores. Se ha dicho que aquellos a quienes se clasifica como afortunados son esencialmente aquellos que siguen sus corazonadas y no lo que ha sido prescrito por los demás. si sientes una fuerte inclinación interior, a cambiar de empleo o de domicilio, a conocer a gente nueva o a realizar una nueva inversión, pon entonces una mayor confianza en tu corazonada. Es tu guía divina que te anima a correr riesgos, a hacer caso omiso de como actúa el rebaño, a ser el individuo único que eres. Conocerás la prosperidad en la vida si es así como empiezas". (Wayne W. Dyer. Tus Zonas Mágicas).

La relajación aquí mencionada se hace como sigue:

Te sientas en una silla como de cocina, sin brazos, con la espalda perfectamente recta y las vértebras descansando una encima de la otra, sin apoyarse contra el espaldar. Se descansan las manos con las palmas hacia arriba sobre los muslos (con el índice y el pulgar cerrados pero relajados). O con las palmas hacia abajo descansando sobre las rodillas, la cuestión es estar cómodos. En un sitio tranquilo, cálido.

(¿Puede uno sentarse en posición de loto? Si claro, pero como no hace falta, no te frustres si no puedes lograrlo)

Ahora vas respirando profunda, pausada y rítmicamente. Inspirar por la nariz, lo mas profundo posible y espirar por la boca, impidiendo ligeramente con los labios que salga demasiado fácil el aire. Espirando siempre perfectamente aunque sin esforzarse. Se exhala el doble de tiempo que de lo que se inhala. Cada uno tiene que encontrar su propio ritmo. Inhalar 4 segundos, o mejor palpitaciones del propio corazón y exhalar 8 sería un buen ritmo para empezar. Pero si no lo consigues, te tienes que conformar con menos. A la larga hay que ir intentando alargar el ritmo a bastante más. (Este sistema, perfeccionado, contempla también una pausa con los pulmones llenos).
    Concentrándote en los hombros, brazos, manos y dedos, para relajarlos perfectamente, dejando los músculos flojos, sin tensión, abandonados. Después concéntrate en las piernas para que también queden todos los músculos completamente relajados, sueltos, sin tensión, flojos, abandonados. Relajando después la cara, los párpados y el cuero cabelludo. Deja también que se relajen la lengua y la garganta. Los ojos se vuelven ligeramente hacia arriba, de forma que parece que te has quedado bizco. Pero de tal manera que no te cuesta esfuerzo ninguno. Sino que te sientes a gusto.

En este momento todo tu cuerpo queda ya completamente distendido, relajado. y experimentas una agradable sensación de bienestar, llena de tranquilidad. que poco a poco invade todo tu Ser, toda tu Alma. Todo es quietud y sosiego. Entrégate sin reserva.

Ahora te quedas un tiempo relativamente largo ahí sentado.

Fijándote en tener la postura adecuada y la respiración adecuada y la relajación adecuada. Esto es la primera vez y para todo se necesita entrenamiento. Lo que ahora necesita atención, mas adelante se hace automáticamente. A continuación vamos a relajar el cerebro y para eso te fijas mentalmente en que tu cráneo tiene una bóveda, dentro de la cual está el cerebro, que tiene su parte exterior en forma de arrugas. Respirando profundamente, te figuras que relajas el cerebro tánto que las arrugas desaparecen. El cerebro se relaja de manera que se hunde un poco y se acuesta pesadamente sobre su base. Quédate respirando profundamente y déjate llevar por esta deliciosa sensación, estas maravillosas circunstancias. Te darás cuenta de que los ojos empiezan a vibrar un poco, lo cual significa que lo estas haciendo bien. Hasta sería aconsejable imaginarse que está lloviendo para fomentar ese efecto. O escuchar mientras una de esas músicas específicas que existen en el mercado para esa finalidad.

Entretanto intentamos no pensar en nada. Lo cual es muy difícil. Piensa entonces en el sitio que hay en el entrecejo. Figúrate que tu cuerpo es un robot muy grande y estás dentro, en la sala de mando, que es el cerebro. Pero como estamos con los ojos cerrados no hay nada más que hacer, que mirar hacia la parte interior de la cabeza, pero lo vamos a hacer con todo nuestro interés. En el principio, cuando todo resulta nuevo y es difícil no pensar en nada, se nos van a aparecer imágenes o sueños. Cuando eso ocurre: desenchufa los sueños y empieza a repasar todo: Yo aquí sentado, recto, respirando, relajado, el interior de mi cabeza y respirar, respirar. Eso es todo. Habría que hacerlo todos los días (y mas de una vez). Se mejorará por sí solo. En una habitación tranquila, sin peligro de que alguien vaya a entrar de repente. Sin frío ni calor y ropa cómoda. Soltamos las correas, y sujetadores las señoras.

Porque, aquí perfectamente relajado, Usted se encuentra como una persona a quien han comprado un ordenador, delante del cual está sentado ahora, pero como nunca ha tenido un ordenador, no sabe qué le puede ofrecer. Lo cual es el primer concepto que debe captar: Tendrá posibilidades sin limites.

Clarividencia, Premonición, Proyección, Telepatía, Intuición.

Imagínese pues, que se encuentra delante de su ordenador mental y pídale a través del teclado imaginario una información y espere con fe que se lo van a proporcionar, datos exactos de una perfección completa: Ha conectado con la eternidad, con el Todo, Dios, la sabiduría que la humanidad entera ha estado acumulando durante toda su existencia.

En el principio tendrás pequeñas experiencias casi anecdoticas, sin trascendencia, pero que te animan lo suficiente como para seguir. Una de mis primeras era el siguiente:

Ocurio en el ejercicio de clarividencia del cursillo de Silva: Después de haber hecho una relajación profunda, íbamos a hacer un ejercicio basado en el diagnóstico de unos enfermos, a distancia. Cada persona en la sala se iba acordando de un familiar o persona que conocía, que padeciera de alguna cosa "bastante visible" como nos aconsejaron, como deformidades, úlceras sangrantes, operaciones muy graves etc. e iba apuntando todos los detalles que conocía, como nombre, ciudad, edad y si era hombre o mujer y cual era la enfermedad que padecía. La gente hacía este ejercicio en grupos de tres, uno para leer la lección de relajamiento, el otro que se relajaba y el tercero que tenía el papel con los datos del enfermo y que le ofrecía las pistas únicas de: la ciudad, edad y nombre de pila de la persona implicada. Tuve suerte y me llamaron delante del grupo. Y me dijeron el nombre de un muchacho israelí que tenía 14 años. Se me aparecieron (no pensé que ahora de repente me volví clarividente, lo que pasa es que, cuando alguien te cuenta una cosa, tú mentalmente te formas una idea) unas casas de pisos pintados en rosa anaranjado, con un descampado delante, un bonito día de sol y un muchacho moreno de pelo negro, una frente ancha y una preciosa sonrisa. Lo cual sería de lo mas lógico en todos los aspectos, ya que Israel es soleado como España y la gente morena. Todo lo cual aclaré al público y al monitor. Pero las personas que habían ofrecido el caso, dijeron: "bien, bien". La visión que tuve fue como una instantánea: vi la foto un momentito y después era intentar acordarme de los detalles.

Y preguntó el monitor: "¿Como ves al muchacho, de pie o sentado?" "Ya a tanto no llego", dije, "mi fantasía no es tan fuerte, las piernas se me funden delante de mi vista y quedan como churros, digamos como si tuviera una doblada y no la puede enderezar y la otra derecha, y no la puede doblar....". Y resulta que eso era lo que tenía ese chico. Se arrastraba escaleras arriba y abajo con la ayuda de sus manos para ir a jugar a la calle con los amigos.

Clarificando esto más: La clarividencia no es de tal forma que se abre el cielo y en forma de televisión grande se te enseñan los acontecimientos que te interesan, ni se te aparecerán los Santos o la Virgen María, para comunicarte algo. Ni desaparece de tu vista aquello que hay en tu alrededor. Las visiones de clarividencia vienen mezcladas con tus pensamientos y a veces se confunden con ellos. Tienes que buscarlos evidentemente dentro de tí. Es ver mentalmente, nunca con los ojos. Aunque las imágenes pueden resultar muy claras e impactantes, no necesariamente tiene que resultar así. Puede haber una corazonada o una sensación inexplicable, que solamente después de que haya ocurrido el acontecimiento se comprenda.

> Ya desde una semana antes de que tuvieron mis hijos un accidente con el coche, sentimos un malestar indefinible: Malestar de cuerpo, nervios en el estómago. Una sensación como si el aire que nos rodeaba estuviera cargada electricamente. Si mirábamos al cielo parecía como si iba a haber tormenta a pleno sol. Y todo el rato teniendo aversión al coche. "¿Cuando lo vendes yá?, ya no me gusta, no me siento a gusto adentro".
> No les pasó nada irremediable (gracias por el interés) aunque estuvieron en el hospital y tuvieron que ser intervenidos quirúrgicamente.

Otro poder de la mente que se puede despertar con esos ejercicios es el control mental (control de tu propia mente) o auto hipnosis.

La hipnósis es una clase de sugestión, esta vez con la ayuda de otra persona, refinada de forma especial. Para que te des cuenta lo que es la forma natural de sugestión o inducción, te relato esta anécdota así:Un día cuando me tocó quedarme un ratito con el hijo de dos años de mi amiga, me di cuenta de la fuerza de la sugestión. El chiquillo salió corriendo hacia los columpios y yo, ya desacostumbrada a tener niños chicos a mi cargo, me temía lo peor. Corriendo detrás de él le decía "mas despacio: que te caes" y en aquel momento se caía de verdad. Después de haberse caído por lo menos tres veces, me di cuenta del detalle y dejé de decírselo. Así por fin llegamos sanos y salvos al parque: ya no volvió a caerse más. Fuí yo quien le inducía a caerse. Hipnosis es pues una clase de sugestion o inducción, Una idea que otra persona te transmite, convenciéndote, hablándote mientras estas relajado y más accesible. En un momento dado se puede influir sobre la salud de un enfermo. Esto se demostró en un experimento, bastante conocido y difundido, que se aplicó a un señor que estaba completamente cubierto de verrugas. A esta persona se la "convenció", a través de la sugestión, de que su cuerpo sanaría en un solo lado de su cuerpo, que quedó entonces limpio de verrugas. Es conocida la facilidad de la verruga en ser curada por la mente, yo misma lo conseguí con una, que de pequeña me salió en el párpado del ojo. El doctor que me dió el sistema, un homeópata, al darse cuenta de mi edad y la dificultad de trasmitirme la convicción adecuada de que conseguiríamos nuestro objetivo por medio de la mente, me lo definió así: "Vamos a borrar la verruga del párpado con ayuda de la saliva. Mientras por la mañana estás en ayunas, te aplicas saliva con un dedo en la verruga, todos los días sin falta, hasta conseguirlo". La clave está pues en todos los días en ayunas, es decir recién despierto o mejor: todavía en la cama, ya que todavía estarás en "Alfa", (como se llama la situación mental de estar relajado y también el de estar durmiendo o soñando), dedicar un pensamiento a la verruga que queremos destruir. Puede conseguirse, la mía desapareció.

Los ejercicios de relajación e inducción tambien se aprovechan en consultas médicas, también a mi me lo aplicaron una vez de esa manera. Fue cuando pedí a mi médico naturista una dieta para adelgazar y me aconsejó acudir a las sesiones de sofrología que daba por las tardes. (Sofrología es otra palabra para lo mismo).

En la clase nos enseñaron como hacer una relajación perfecta. Gradualmente conseguimos relajarlos profundamente. Después se aplicó ese nivel de relajación a las "programaciones". Nos dieron luego a cada uno una cinta magnetofónica con nuestras programaciones individualizadas, para poder seguir solos en casa. El sistema es casi idéntico al anterior. Es evidentemente una ventaja hacer las relajaciones en grupo. Me refiero a los primerísimos pasos que se den en estos ejercicios. Ya que se crea un ambiente muy propicio para el asunto, obligándose de alguna manera a la regularidad. Lo cual garantiza casi siempre que ya se va obteniendo resultados (experiencias) antes de abandonar estas "terapias en grupo" que suelen durar normalmente solo unas semanas.

Nos indujeron a una relajación profunda. Colocados en una postura cómoda. Sugiriéndonos a sentarnos como un carretero que se ha quedado dormido encima de su carro en marcha. Eso es de la manera siguiente: se tiene los antebrazos apoyados sobre los muslos ligeramente separados y las manos colgando entremedias. La cabeza también se deja colgada hacia adelante. Aunque esta postura no es aconsejable según el punto de vista de la Yoga, que quiere la espalda siempre perfectamente recta, a mi me fue divinamente bien. En esta postura se te cuelgan las mejillas y eso refuerza la sensación de relajación. Relajado completamente, te puedes (pueden) sugerir cualquier cosa, pero en esta ocasión cada paciente recibía su cinta grabada y la mía se refería a que iba a adelgazar, a sentirme ligera y a encontrar el sistema adecuado para poder conseguirlo.

Me llamó la atención que esta manera de acercamiento al problema es ni mas ni menos el mismo que se utiliza en la radiónica. Lo cual significa que a través de este sistema tú polarizas el ambiente para que ocurran las cosas. Nadie puede prever qué es lo que va ocurrir, pero casi sí se puede prever cual va a ser el resultado final: La persona habrá adelgazado.
O habrá conseguido el resultado deseado respecto al asunto que ha querido solucionar.

Otro ejemplo: tú quieres a una persona, un amor imposible y empiezas hacer un ejercicio mental para conseguir que esta persona te corresponda. Poca posibilidad tienes para conseguirlo, ya que hay muchas circunstancias en tu contra:
1ª No tienes fuerza mental suficiente para conseguirlo.
2ª Esa persona no te conviene y tus guías espirituales no te van a apoyar.
3ª Esa persona no está en tu destino, su destino es otro.
¿Entonces qué?
Haz el ejercicio mental de tal forma que la persona que ves en tu "sueño", "fantasía" o ejercicio mental, esa persona que mentalmente tu hagas que te bese, abrace, ame, desee y hace feliz, no tenga claramente la cara y apariencia de tu amor. Deja que sea una persona amorfa. Tu polarizas el ambiente para que ocurran las cosas. Nadie puede prever qué es lo que va ocurrir, pero casi sí se puede prever cual va a ser el resultado final: Serás feliz. Aunque es posible que no sea a través de la persona por tí elegida anteriormente. O puede que sí. Hay pues "una inteligencia que suple" la falta de visión de futuro que tu puedas tener y organice lo que a tí te conviene.

(Si tienes pensamientos negativos, destructivos, de odio, o aún peor, utilizas un sistema mental, para perjudicar a una persona, estos te dañan primero a tí, antes que a la persona hacia quien están dirigidos, ya que habitan dentro de tí y te envenénan desde adentro).

A mi lo que me ocurrió a razón de este tratamiento es que me llegó a las manos propaganda sobre el libro del Doctor Atkins: "La revolución de las dietas". Con ese libro conseguí adelgazar 16 kilos en pocos meses. Buen problema resultó.. El libro te aconseja comer a base de carne y yo era vegetariana. Pero mas adelante hablaremos sobre el contenido del libro del Dr. Atkins.

Aquí quiero pararme un momentito y apuntarles la expresión que antes utilicé: Todo te lo sirven como una parafernália, pero se reduce al huevo de Colón.
Cómo lo complican todo. Que "cacao" montan alrededor de la "Radiónica".

Dicen, que alguna de las personas "Iniciadas", (las que dedican toda su vida y estilo de vida a "Las Escrituras"), han inventado una máquina, que se enchufa a la luz. Tiene dos compartimientos separados y sirve para hacer milagros. En uno de los compartimentos puedes, por ejemplo, poner la hoja de un árbol que está enfermo a causa de una plaga. Esta plaga puede tener lugar aquí o en Australia, la distancia no tiene importancia. En el otro compartimento pones una pequeña cantidad del producto químico del cual se sabe que cura esa enfermedad. Se enchufa y ¡hala! la plaga se curará. Si un día no funciona la máquina, porque algún fusible se ha fundido, puedes dibujar en un papel los trazos del circuito impreso y se coloca en su lugar. Y la inteligencia mental o astral del ambiente suple la falta de la pieza.

Yo no digo que no sea verdad. Sé que la máquina existe y que hay gente usándola. También sé que hay gente loquita por poder verlo y utilizarlo y conocer un Iniciado de esos. (Pero tambien sé que la maquina no es necesaria, ya que todo se produce con el poder de la mente). Ademas hacen creer al personal que no están a la altura, porque no llevan el estilo de vida adecuado (la cuestión sexual es la traba mas grave que te ponen siempre: "hay que llevar una vida ordenada") Ya sabes como enseñan que: Tu puedes vivir al lado de un Iniciado toda la vida sin darte cuenta, ya que él no se dará a conocer más que a la persona "para la que ha llegado El Momento".

He aquí un párrafo del libro "El Iniciado" de Cyril Scott, editorial Luis Cárcamo, que pinta claramente la situación.

Le pregunté si cualquiera podía adquirir el conocimiento necesario para hacer milagros.

"Si, y no", fue su contestación. "Si, porque solo es esencial poseer las calificaciones correctas; no, porque la mayoría de la gente no puede preocuparse en adquirirlas, Tú mismo estás en el camino de adquirirlas, y quizá en una encarnación posterior habrás progresado lo suficiente para realizar milagros si quieres hacerlo así".

"¿Y tú?", pregunté. "¿Puedes materializar cosas?".

"Me haces una pregunta directa", respondió sonriendo, "y no puedo decir muy bien una mentira; pero cuando responda afirmativamente te pido que no menciones el hecho mientras esté en Londres".

Prometí absoluta discreción.

"Desde luego", continuó, no existe tal cosa como el milagro. Nosotros, los de la Hermandad, meramente utilizamos leyes de la Naturaleza con las que la mayoría de la gente no está familiarizada; eso es todo".

"Pero, ¿Porqué no se da a la luz el conocimiento?", pregunté.

"Porque la humanidad no está lo suficientemente desarrollada para usarlo del modo correcto. Dáselo a gente que no tienen las calificaciones necesarias, y casi romperán el Universo".

"Y las calificaciones son?", pregunté.

"Perfecto inegoísmo, perfecta tolerancia, completa ausencia de vanidad, autocontrol absoluto, y todas las otras cualidades espirituales".

"En una palabra, perfección", dije.

"Prácticamente hablando, perfección", asintió.

"Entonces estoy fuera de carrera", observé.

El se rió, "Olvidas que tienes la Eternidad enfrente de tí, dijo, y por lo tanto abundancia de tiempo".

Yo comprendo, que si tu estas en una situación, como la que tiene un Iniciado, una situación en la cual los discípulos te veneran y además te creen a pies juntillos y además harán todo lo que tu digas, de pura admiración y fé en ti, no vas a estar diciendo: Hala, venga juerga, viva la vida, no pasa nada. Queda muy ordinario. Y ya está la moralidad del personal como está. Pero está visto que cualquier persona, que con un poco de paciencia se va entrenando con estos ejercicios, puede llegar donde él mismo quiera poner el límite. Aunque todos estemos inmersos en La Eternidad, no la necesitamos para llegar a un nivel muy interesante.

Es evidente, que si lo practicas, y contáctas, y vas a tener experiencias, tu vás a cambiar, a madurar, a crecer. Pero creo firmemente que anteponer la madurez y el grado de evolución como exigencia para poder recibir Las Enseñanzas, es como querer empezar la casa por el tejado.

Y Las Enseñanzas, que se embrollan con tanto misterio: Los resultados que se consiguen con la hipnósis, se consiguen con ejercicios de relajación y respiración.

Los de la clarividencia también. Los de la radiónica Ídem.

Y los de la proyección igual.

Otro ejercicio:

Hay un metodo, que sirve para "conseguir todo lo que tu quieres", que funciona como sigue: haces una relajación bien profunda o meditación. Eso se puede hacer de pie o sentado, nunca acostado. Entonces pronuncias mentalmente en unas frases cortas, claras y contundentes tu deseo. Después ves el deseo realizado como en una película. Eso lo haces tres veces seguidas: la frase pronunciada y la película, con cuantos más detalles mejor, la frase y la película. Este procedimiento lo repites nueve días seguidos.

Yo, después de haberme enterado del sistema, quise experimentarlo y como parece que soy una persona sin necesidades personales se me ocurrió aplicarlo a mi negocio. Tengo una galería de arte y decidí querer vender el cuadro más grande y caro que tengo. Las personas que tienden a no creer en esa clase de cosas me dirán que todo se reduce a casualidad. No puedo decir más que ese cuadro llevaba ahí ya muchos años sin vender y que los negocios por aquel entonces no estaban mejorando y que además cuanto mas tiempo una cosa lleve en una tienda, mas difícil va resultando venderla.

Hice pues mi ejercicio mental basandome en ese cuadro. Decía "Quiero vender ese cuadro". Después me veía recibir el cliente, que apuntaba al cuadro y que directamente sacaba el dinero del bolsillo. Después yo me veía embalarlo y cobrar el dinero. También me veía llevar cierta cantidad al banco, para la campaña de los niños del hambre, porque alguna vez había leído en alguna parte que a la hora de pedir, pedir dinero era lo menos espiritual y defendible. La verdad es que si tú mismo no crees en la justicia y razón de tu deseo, fallará tu fé desde el principio.

No existe el camino que lleva a la prosperidad, la prosperidad es el camino. Si buscas el dinero por el dinero, no viene. Si para realizar cosas más importantes necesitas la energía del dinero, el dinero viene solo. (Dios proveerá).

Lo hice durante nueve días y antes de que pasaran otros nueve días, había vendido el cuadro. Y lo mas chocante era ¡que mi cliente era ciego! Venía acompañado por su mujer y se dejaba describir los cuadros. Ella le cogía las manos y le decía: "En este lado hay una casa y por aquí un árbol. El paisaje es muy verde y la profundidad muy bien lograda". El otro cuadro, por el cual se decidieron, sonaba como sigue: "Una mujer vestida de campesina con una gran cesta de verduras en el regazo. Las verduras están muy bien conseguidas. Detrás de ella hay un niño mirando y delante de ella, en el suelo, hay un bebé desnudito gateando". Después de haber "mirado" los cuadros varias veces el hombre se decidió por el cuadro de mi experimento "Ese es el más bonito".

Cualquier cosa que necesita un ejercicio de esta clase, hay que organizarlo bien y despacio, antes de empezarlo. Tiene que ser positivo. Nunca digas: "No quiero volver a tener malas notas". Di: "Tendre buenas notas". Nunca digas: "No quiero estar enfermo". Di: "Sanaré". No digas: "Quiero que se me quiten estos granos", sino: "Tendré una preciosa piel sana". La cosa de la cual te quieres librar, no la permitas entrar en tu imaginación, en tu visualización, en tus pensamientos. No digas: No quiero que me gusten los dulces y galletas, di: A mi me gustarán solamente las frutas, verduras y ensaladas.

Aqui otra prueba, que en su día me sorprendió mucho cuando logré realizarlo. Y te darás cuenta como todo vuelve a lo mismo: Es el huevo de Colón. Nada más me transmitieron este ejercicio, sin más problema lo realicé. (Muchos de esta clase de sistemas parecen insulsos y sin ninguna clase de trascendencia. Lo que pasa es que hay que aplicar luego el ingenio y sobre todo alguna clase de necesidad primordial, ingrediente que suele garantizar el buen funcionamiento y utilidad de estos experimentos).

Habiendo hecho un buen relajamiento con respiración controlada me figuré que alguna parte de mí se levantó (de la cama) e iba a la habitación de mi hijo. A esta figura, encargué mentalmente que dijera a mi hijo que se viniera a mi habitación. Esa figura pues se agachó y se lo dijo en el oído del niño. El tendría por aquel entonces ya unos 12 años, ningún niño que viene por la noche para estar con "mami". Además solía dormir como un lirón. Pero hélo aquí como en medio de la noche se me aparece delante de la cama, sin poderme aclarar porqué. ¿Casualidad? No me diga eso, que se me pusieron los vellos de punta.

El "truco" de todos los experimentos que he ido relatando está en la perfecta claridad de las imágenes "imaginadas" y así proyectadas y.. la Fe, la creencia segura que es posible que se realice:

" Simplemente desear no es suficiente, ya que no habrá de verdad nada en tu vida hasta que llegues a la convicción interior de que su puesto está allí". San Marcos: 11:23-24 ."Quien quiera que diga a esta montaña apártate y lánzate al mar, y no dude en su corazón, sino que cree que aquello que dice va a suceder, tendrá cuanto diga... Cualesquiera cosas que pidas cuando rezas, cree en que vas a recibirlas y las tendrás"

De cualquier forma, la manera de actuar por definición no consiste en: 1º darse cuenta de una necesidad, 2º aplicar un sistema para solucionarlo.
Lo mejor es tomar cada día un rato para hacer la relajación sin más. Contactarás con tu inconsciente. El inconsciente es esa parte principal del espíritu que nunca duerme, que todo lo recuerda, todo lo imagina y todo lo sabe. El inconsciente creador. A través de la meditación te reunificarás.
    Se consigue así la costumbre de contactar, y por eso a la larga ya no se necesita del ejercicio previo. Tendrás clarividencia espontánea y enviarás mensajes mentales directamente. Todos los poderes los tendrás a flor de piel, listos para ser puestos en práctica. Pero cuando llegas a ese nivel, te darás cuenta que todas esas circunstancias son juegos infantiles sin trascendencia. Porque el fin ultimo y verdadero se entenderá despues de leer el siguiente capitulo:

La razón esotérica que se puede dar por lo de la concentración hacia el interior de la cabeza es la siguiente: Tenemos hasta 7 cuerpos diferentes. Algunos nos suenan: Cuerpo astral, cuerpo mental, cuerpo físico etc. el Alma también es uno de ellos. Son instrumentos nuestros (de materia tenue, invisible para nuestros ojos físicos). Y no llegan a funcionar bien si no están bien encajados los unos dentro de los otros. CONCENTRADOS. Con la simple concentración (=relajación con el pensamiento enfocado sobre el entrecejo, donde se encuentra el centro de todos ellos) conseguimos que todos esos cuerpos vuelven a encajarse en su sitio. De esta manera tendrán una perfecta comunicación entre sí. Y así tu te podrás beneficiar de los poderes o funciones que cada uno tiene. El cuerpo astral, (del que mucha gente ha oído hablar, por muy poco que haya leído sobre el tema), es el que no tiene limite de tiempo ni de espacio. (por eso te ayudará ver el futuro y el pasado y podrás saber de tus seres queridos por muy lejos que estén) Y es él que nos ayudará perceptiblemente a contactar con las soluciones de nuestros pequeños o grandes problemas (además de ayudarnos grandemente en las inspiraciones artísticas). Porque eso será quizás la razón primera que nos impulsará a emprender este camino, a hacer estos ejercicios.
Pero la Razon Verdadera es:

Primero que te des cuenta que el Astral eres tú. Es tu "Super Yo". Todos sús poderes son tús poderes.

Y después: que te des cuenta (y no hace falta buscarlo, vendrá por si solo si sigues con regularidad este ejercicio y no lo abandonas nunca), que el Astral es Dios. Una partícula de Dios, una parte de Dios, pero igual a Dios. En esencia.

Y el paso siguiente es que te des cuenta que tú eres Dios. Una particula de Dios. Un Dios pequeño. Pero Dios al fin. Contienes la perfecion: Conseguirás todo lo que te propongas.

Esa es la Leccion que tenemos que aprender. Esa es la Razon del Karma.

No hace falta que lo creas, ya lo experimentarás, si persistes. Y no temas, no tardaras demasiado.

Hay un ejercicio que se utiliza en ciertas ramas de yoga y enseñanzas orientales, que es la mecanica repeticion de alguna frase o mantra. Repiten durante todo el dia por ejemplo: "Sho-Ham, Sho-Ham, Sho-Ham": Yo soy El. (Yo soy Dios). Nunca me dediqué a eso, pero lo entiendo. Ya que la necesidad de comprender que tú eres Dios es emperativo. Ya en el mismo momento que se te presenta una enfermedad y tú mentalmente eres capaz de asimilar verdaderamente esa idea: de formar parte de Dios y de llevar a Dios dentro, no habría ya lugar para la enfermedad, ya que Dios es perfección. Y la enfermedad es imperfección. Si padeces de algo que te preocupa mucho, no dejes de hacer meditaciones diarias con esa intención. Te relajas y mira tu cuerpo por dentro y SIENTELO: es un milagro "tu eres Dios". No te cuesta nada. No pierdas esa oportunidad.

Espero que nadie considere todo eso una heregía pero intentaré explicar mi acercamiento a Dios, para que comprendais que aspecto tiene Dios de esa manera.

No he sido educado en ninguna religión y considero eso verdaderamente una ventaja, ya que veo que muchos conceptos que tiene la gente, a causa de sus religiones, se convierten en verdaderas trabas para su buen desarrollo como persona y su buena salud mental.

El primer concepto que considero frustrante en la educación de la gente es que la Iglesia Católica nos enseña que Dios está en el cielo, lo cual hace que nos encontremos muy lejos de El, casi abandonados. Así desde el principio Lo vemos inalcanzable, algo así como una enteléquia.

Y otro fallo considero ese empeño de enseñar desde la más tierna edad que todos somos pecadores. Me acuerdo de mi preciosa hijita, de 4 años, tan contenta que iba al colegio, donde aprendía de memoria por lo menos 20 canciones. Y después también aprendió a rezar: "Por mi culpa, por mi culpa, por mi grandísima culpa". Ahí corté su asistencia a toda la enseñanza religiosa que daban. "¿Pero ese angelito del cielo que culpa va tener Dios mío?"

Cualquier psiquiatra te podrá explicar que en la educación de los hijos, lo que NUNCA debes hacer es decirles cosas como: "Eres estúpido, no vas a aprender nunca, eres tonto, eres un sinvergüenza, no vales para nada, no tienes arreglo". Pero la iglesia católica, ni corta ni perezosa nos inculca que no tenemos remedio: somos pecadores desde antes de nacer.

Unos educadores que suministran estas ideas al por mayor se sorprenden de que la juventud tenga tan poco apetito intelectual. Yo no me sorprendo tanto. Si yo tuviera que cursar mis estudios bajo el peso de esa ideología, preferiría la moto o jugar al Nintendo. No tendría ninguna prisa por aprender, si lo que tenía que aprender es que no tengo arreglo.

La iglesia católica ha perdido todo la enseñanza mágica, la que verdaderamente nos podría hacer contactar con Dios. Por eso andan la gente buscando por ahí en otras religiones ese algo que instintivamente todos intuimos que existe.

Cuanto mas frecuento las sabidurías ancestrales, mas me convenzo de que esas filosofías encierran verdades demostrables.

Si la lección de Sabiduría Eterna ya no nos alcanza, no es porque la ciencia actual haya demostrado que no existe Dios, sino por malas interpretaciones dogmáticas.

No son las condiciones de la existencia en el mundo moderno lo que destruye nuestra conciencia del Ser: es la presión agobiante de una escolástica. En realidad, nada nos impide alcanzar la Serenidad y la Plenitud en este mundo nuestro, ni la atmósfera cultural. Yo puedo "Ser" tanto en un rascacielos como debajo de un olivo. En uno y otro lugar estoy bajo la mirada de Dios y de mi guía interior.

Lo curioso es que la persona estudiosa que ha perdido la fé, puede volverla a encontrar, estudiando las cuestiones arriba mencionadas. Porque nos daremos cuenta de que somos chispas divinas y de que somos capaces de hacer aparecer los milagros, haciendo funcionar adecuadamente la mente. Pero de que es necesario conocer los sistemas adecuados (se puede considerar la Fe, o Dios, como un instrumento que funciona).

Vivir sin religión no quiere decir vivir sin Dios.

Porque asisto a ceremonias litúrgicas: bautizos, bodas y entierros. Y a veces lo sagrado penetra en mí de un modo tan profundo que una viva emoción me lleva al borde del llanto. Es esa misteriosa tristeza que tiene el perfume de la gracia y que suscitan las cosas esenciales... Pero, veo la gente rezar delante de las imágenes y veo que una abuela da una medalla a su nietecita para que la bese. A otra niña he visto en una tienda de cuadros dar un beso en sus dedos para pegarlo en la cara de un Cristo pintado. Las vecinas se pasan de una a otra una caja, estilo vitrina, con la imagen de un santo dentro, para poderle rezar privadamente. Esta sustitución idólatra, de la idea por la imagen, que la tradición denunció siempre como pecado grave contra el espíritu, me afecta de modo vivo, como esas faltas de gusto que sabe uno que no tienen remedio porque ni siquiera pueden explicarse a sus autores.

Me eduqué pues sin religión, pero me forjé una idea aproximada sobre el asunto, que suena como lo que sigue: Resulta que Dios tomó en la creación de Si Mismo materia para formar todas las cosas. Y todas las cosas existen para que El pueda aprender a través de ellas. Nosotros somos una necesidad Divina. Y nuestro camino o evolución va desde lo más sutil hacia lo más denso. O sea Dios creó las primeras criaturas, que fueron de una materia muy tenue. Y cada generación de seres nuevos han ido adquiriendo más densidad. Hasta llegar a nosotros que estamos hechos de carne y huesos. O sea antes éramos ángeles, inocentes o ignorantes tal vez. (Mónadas, espíritus vírgenes) Venidos directamente de Dios. Y reencarnación tras reencarnación nos toca ir aprendiendo todo lo que tiene que haber con el mundo de la materia. A partir de lo cual nuestra tarea será de volvernos a "salir" de esta densidad (superar el materialismo) y entonces darnos cuenta de nuestra divinidad. Con lo cual se comprende como estamos ahora tan inmersos en este mundo tan material y como estamos tan ocupados e interesados en el sexo, que es materialismo puro. Pero no es pecado, es una etapa de crecimiento. Si nos volviéramos a ver después de unos millones de años y reencarnaciones, veríamos lo espirituales que nos habremos vueltos.

Hay diferentes "olas de vida" y la gente nos vamos reencarnando con velocidades diferentes, por eso un momento dado una persona joven puede tener "el alma muy viejo" o con mucha experiencia. Y tu hijo en el fondo puede ser una persona con más reencarnaciones que tú o sea: más sabio. Así se explican como existen los genios. Parecen que nacieron sabiendo. Y así es.

Dios, el universo y todo lo que hay en él, (El espacio, el sol, las estrellas y la luna, el mundo, las personas, la vida, la Naturaleza) está formado de una única materia universal.

Esta materia universal se puede, según mi punto de vista, considerar como Dios, o el Ser Supremo y también Conciencia Pura. (Leí un libro que se llama el Universo Inteligente, de Fred Hoyle, de Circulo de lectores, muy interesante y nada esotérico, que me reafirmó sobre esta idea)

De esta materia está hecho todo lo que existe. Cada cosa con una densidad diferente. El aire, los planetas, el espacio, las personas, todo lo visible e invisible, lo conocido y lo desconocido, todo está hecho del mismo material. O sea una sola clase de átomos, cohesionados de maneras diferentes, producen todas las cosas de la creación de Dios y <u>son</u> a la vez: Dios.

Si captas esa idea, comprenderás mucho mejor bastantes conceptos que se dan en la iglesia católica y también en la enseñanza de Yoga. Como:
Que somos todos hijos de Dios.
Dios nos hizo de Barro.
Nos hizo a Su imagen y semejanza.
Dentro de todos nosotros hay una Chispa Divina.
Tenemos que buscar al Maestro dentro de nosotros.
"En El vivimos, respiramos, y morimos".
San Pablo: "Dioses sois"
"Quien me ha visto ha visto al Padre".
"Como es arriba es abajo"
"Tu eres el Maestro, tu eres el discípulo".
Si te das cuenta que todos somos iguales en esencia, a causa de tu peculiar visión de Dios, nadie será superior al otro y todos seremos hermanos interconectados, sin necesidad de sumisión.
Reconocerás su valor intrínseco y le tendrás respeto.
 Y amarás a tu prójimo como a tí mismo.

Pero lo que fué **el invento del año**, fué el ver esa idea expresada de la siguiente manera:

Como diría Karl Pribram del Centro de Investigaciones de Stanford de California: "Tal vez el mundo es un holograma". Si la naturaleza de la Realidad es en sí holográfica y el cerebro funciona holográficamente, entonces el mundo es en verdad, como las filosofías orientales lo han descrito: maya (un espectáculo mágico). Su apariencia concreta es una ilusión.

Lo que puede parecer un mundo estable, tangible, visible y audible (dice el doctor Bohm) es una ilusión. El neuroanatomista Paul Pietsch nos dice: "Los principios abstractos del holograma pueden servir para explicar las características más importantes del cerebro.

A diferencia de lo que ocurre con el registro fotográfico, un punto cualquiera de la placa del holograma recibe luz procedente de todos los puntos del objeto. Si yo tuviera que partir en dos un negativo fotográfico común, el revelado de alguna de las partes de dicho negativo, nos daría únicamente el positivo de una de las partes de la fotografía original.

Pero si la placa holográfica fuera cortada en miles de partes, cada una de ellas podría reconstruir la imagen completa del holograma original. Esto se debe a que la placa holografica posee en cada uno de los puntos de su patrón de interferencia el patrón completo de luz del objeto.....

La totalidad del universo puede estar contenida en cada una de sus partes. El principio de Ernst Mach afirma que la masa de una sola partícula está determinada por la masa del universo entero; por tanto, la masa de una sola partícula contiene la información completa. Puede ser que el universo funcione como un gigantesco holograma, en el cual cada parte contiene al entero.

Los puntos de conexión del espacio tridimensional conectan a cada parte del universo directamente con todas las demás partes.

La posibilidad de que una de las partes contenga al entero, puede ser un patrón dominante de la naturaleza.

Curioso es para la ciencia actual el saber que desde finales del siglo pasado, la teosofía describía a la realidad como una matriz viviente, en donde cada punto posee el potencial del entero. La placa holográfica y su "unicidad múltiple" como analogía revela una serie de posibilidades para el hombre en cuanto a que cada punto de la placa representa al objeto completo. Tal vez cada individuo es una pequeña parte del gran holograma, que contiene en sí mismo al universo entero y posee el patrón de todo lo que ha sido creado, de todo lo que es y será. Sus implicaciones son obvias, ya que hace que demos un gigantesco salto a una nueva percepción, a un nuevo descubrimiento del mundo. Creemos que es posible que la conciencia humana sea análoga a una placa holográfica y que cada ser humano, siendo una porción de esta placa contenga la información de toda la conciencia del pasado, del presente y del futuro. El cerebro es un holograma interpretando un universo holográfico. Cerebros individuales son partes de un holograma colectivo. Tienen acceso bajo ciertas circunstancias, a toda la información dentro de un sistema cibernético total. Inclusive la sincronicidad (esa red de coincidencias que parece tener un propósito o conexión superior) también cabe dentro del modelo holográfico. Consecuente a eso, la psico kinesis (mente afectando materia) puede ser un resultado natural de interacciones, a nivel primario. por lo mismo, la teoría holográfica resolvería el más grande dilema del fenómeno psíquico: la inhabilidad de los instrumentos para poder ubicar la aparente transferencia de energía en fenómenos como la telepatía y la clarividencia. Si estos eventos ocurren en una dimensión primaria que transciende el espacio-tiempo, no hay necesidad de que la energía viaje de aquí para allá. Como dijo un investigador: "No hay ningún allá". Para la mente todo es aquí y ahora.

(Rosa Argentina Rivas Lacayo en la 4ª convención mundial del método Silva de control mental)

En el principio, cuando vas profundizando en estas enseñanzas y encima vienes sin religión, te cuesta mucho trabajo creer en eso de la reencarnación. Las cosas si son verdad y existen, se deberían de poder experimentar. Entonces me iba recordando de algunas vivencias o sensaciones, que a partir de entonces he tomado como: "lo que a mi me ha demostrado que es verdad lo de la reencarnación y por eso lo creo". Comprenderlo resultó otro **invento del año**.

Fue al acordarme del día en que yo siendo muy pequeña, unos 10 años aproximadamente, al ir montada en bici, camino de casa, en pleno tráfico, me invadió una sensación de milagro tan grande, que era demasiado grande para mi cuerpo y tuve que desmontarme de la bici y subirme en el bordillo para esperar que se me pasara. Una idea de "yo, aquí, viva" me invadió. Como si después de haberme reencarnado en este cuerpo, hasta ahora no me había dado cuenta del detalle . Entonces no podía comprenderlo, pero me acordé en clases de parapsicología y entendí entonces.

Además, al conocer a mi marido me dio un flash, no de enamoramiento sino de reconocimiento y pensé desde el primer momento: "este es" (el que el destino guarda para mi).

Y también al acordarme de la conversación que tuve con mi madre, siendo muy pequeña. Es esta la conversación típica que parece que todo el mundo ha tenido, cuando preguntas: "¿Mamá, cuando yo era pequeñita como era?" "Pues eras una bebé muy chiquita y muy bonita" "¿Y que hacía?" "Pues nada, no sabías ni andar y te pasabas todo el día en la cuna durmiendo" "¿Y antes?" "Antes estabas en la barriga de Mamá" "¿Y antes?" "Antes no estabas en ninguna parte". Me acuerdo que sobre esa idea estuve pensando mucho tiempo. Pensando y sintiendo. No lo podía digerir. Yo tenía a esa edad (5-6 años) una sensación de haber estado ahí siempre...
De no poder recordar "el principio"...
De no poder sentir un antes y un después. No había sensación de haber empezado, sino de seguir y seguir. Me quedé con el mal sabor de boca de pensar que mi madre no me lo contó bien. No me sonó a lógico. Ya entonces estaba dada a los experimentos y estuve una temporada intentando darme cuenta del momento en que me quedaba dormida queriendo comparar el estar y nó estar del sueño y la vigilia con el estar y no estar de la muerte y la vida. Un principio y un fin. Pero no lo hallé, lo que hallé era esa misma sensación de seguir y seguir.
Solo después de haber escuchado hablar sobre la reencarnación esa sensación "encajó".

Lo que fue otro **invento del año**, es esta solución a una clase especial de problemas. Del que me he dado cuenta por casualidad y que consiste en escribir las cosas, en un diario o, un momento dado, en una carta. Mas tarde podrás decidir si envías la carta a la persona implicada o la rompes. Esto sirve para obsesiones, situaciones de desasosiego y pensamientos repetitivos. Cuando tienes un enfado o situación conflictivo o necesidad de comunicarte con una persona sin conseguirlo, que te tiene toda la noche sin pegar ojo, pensando: "y le diré eso, y le diré lo otro". Si mentalmente estas intentando encontrar las palabras adecuadas, para decirle cuatro cosas bien dichas y cuando las has encontrado te las vas repitiendo todo el rato para que no se te olviden, o sea, una agobiante superproducción de ideas, entonces si llenas el papel, vaciarás la cabeza y te quedarás descansando.

Otra cosa que se me ocurrió sin haberlo podido esperar jamás y fué **el invento del año**, fué que ya en una edad algo madura, de unos treinta y tantos años, empecé a jugar al tenis. Nunca llegué a jugar excepcionalmente, pero me divertía lo suficiente. Toda mi vida me había fallado un ojo, con el cual, se podría decir que, no veía mas que un 30%. Era un ojo vago. Y era vago porque yo era ligeramente bizca. Ya sabes que a los niños bizcos uno de los ojos se les acaba de desenchufar a la larga, para no estar viendo doble toda la vida. No les pasa nada a ese ojo, pero el cerebro deja de atender su señal. Cuando yo estaba cansada se me cruzaban bastante. Tomaba como costumbre, cuando me quedaba hablando un rato con alguien a colocarme de tal forma de que el ojo miraba hacia el lado donde de cualquier modo iría a parar, para que no se me notara tanto. Y he me aquí, que aunque ya hace años que no juego al tenis, mis ojos se fortalecieron tánto, que no se me volvieron a cruzar nunca más. Eso de mirar lejos, cerca, lejos, cerca, hacia la bola, ha sido el ejercicio perfecto para curar mi problema. Qué lastima que no se me ocurrió en mi juventud, entonces no hubiera perdido la vista de ese ojo. Es también una pena que no he visto que nadie ha relacionado esta clase de deportes con esa clase de problemas en la vista, ya que resulta tan fácil de aplicar y tan barato. Y tan efectivo porque jamas he escuchado que una persona ya adulta se rectificara un defecto así sin operación.

Sobre cuestiones de sexo he podido leer mucho, pero ningún texto expresa verdaderamente lo que yo sé o siento sobre el tema y por eso me he decidido a escribirlo yo misma.
Resulta que los libros suelen estar escritos por profesores de la Universidad, doctores en medicina o psicólogos, que después de haber visto muchas personas en su consulta hacen una clase de encuesta y nos presentan el resultado.

Respecto a la mujer, (después de haber leído muchos libros muy interesantes), he visto que los técnicos han decidido defender a ultranza la idea de que ella siente el placer en el clítoris, y que hay que tomar en cuenta éso si se quiere ser buen amante.
Dicen cosas como: que el hombre no quiere más que meter y meter y no se acuerda de que la mujer necesita un roce y una presión especial en el clitoris y que deben tenerlo en cuenta.

Yo sobre eso no conozco nada.

Con lo cual admito el otro concepto moderno de que hay dos clases de mujeres: las que tienen el orgasmo clitórico y las que tienen el orgasmo vaginal.
En cambio conozco el orgasmo vaginal, el que no necesita del clítoris para nada y esa clase de posibilidad no lo he encontrado bien relatado. Y como pienso que es primordial que una gran cantidad de hombres aprenden ya de una vez para siempre a hacer bien el amor, haré el intento de definir el caso claramente.

Estos consejos son mas bien para personas casadas hace bastante tiempo. A las chicas nuevecitas en estos menesteres hay que decirlas que esto del amor es igual que otros deportes: hay que aprenderlo. La técnica tiene mucha importancia (pero no todo tiene que haber con numeritos muy complicados). Y no se mejora si no se practica lo suficiente. Si se llegó a un nivel aceptable y se abandona por algún tiempo, se vuelve al nivel anterior. O sea se pierden facultades. Es imposible que la primera vez se disfrute.
Compáralo con unas clases de Tenis: ¿Después de la primera clase esperas ya de poder darle al saque, drive y reves? A ganar un partido? Pues entonces...

La pareja debe de estar muy compenetrada y debe de tener mucha confianza para hablar y decir: no me he corrido, sigue un poco más. O hazlo de otra manera o hazlo así. Y si se cambia mucho de compañero no hay mucha posibilidad de llegar a ese nivel de confianza. En vez de llegar poquito a poco de 0 a 10 no se sale de ir de 0 a 3, de 0 a 3, de 0 a 3. Y antes de llegar al matrimonio quizás ya has llegado a la situación del desaliento, de perder el interés por el sexo ya que no te ha resultado tan bueno como dicen que es. ¿Será por eso que la juventud no se quiere casar? Y eso añadido al hecho que ella quiere realizarse profesionalmente...

Otro consejo: Hazte la prueba del Sida, como moderna demostración de virginidad. Y no te dejes tocar por nadie que no te presente su análisis recién hecho. Un análisis de sida por particular en el año 93 cuesta 5.000 pts. es una extracción de sangre simplemente y tardan no más de tres días en dar el resultado. Puedes ir a algún sitio donde tienen abierto las 24 horas los 7 días de la semana como los ángeles de la noche o sitios afines. Así nadie se tendrá que dar cuenta, porque no necesitarás pedir libre para hacértelo, ya que hasta los domingos y las noches sirven para hacer y recoger el análisis. Como sabes que no tienes el Sida, no te tiene que dar muchos problemas para decidirte y te sirve de arma para presionar a tu presunto amante para que se lo haga él. El análisis de Sida tiene un 100% de garantía si en los 3 meses anteriores a la fecha de su realización no se ha practicado ninguna practica de riesgo.

Si hay alguien que no se lo quiere hacer para complacerte: Olvídale, no te quiere lo suficiente! Si nunca permites que alguien, que no se haya hecho el análisis, entre en tu círculo, no tendrás que prescindir de la libertad sexual, que las generaciones anteriores de mujeres hemos ido conquistando para vosotras. (no te olvides la píldora anti-baby ahora)

Otra solución muy buena es hacerse donante de sangre y no acostarse mas que con otros donantes de sangre.

Dicen que la situación que existe entre los hombres y las mujeres se podría describir como sigue: El hombre pregunta cada noche a su mujer si tiene ganas de hacer el amor y ella cada vez tiene algún pretexto como dolor de cabeza, sueño, cansancio etc. etc.

Las estadísticas calculan que de esta manera el marido recibe un 60 o 70% de contestaciones negativas. El marido se frustra y piensa que su mujer no le quiere o es muy fría y se siente rechazado. Se da la vuelta en la cama y se duerme. Ella piensa que él tiene más necesidades que ella y se siente culpable. Y también se preocupa pensando que ella no funciona bien o bastante.

Escuché en un programa de televisión el siguiente comentario, muy negativo y mal enfocado: "En la pareja pasa muchas veces que mientras uno tiene ganas, el otro no. Y para respetar al otro y no molestar al otro o la otra, lo que se podrían plantear es masturbarse... o masturbarse mutuamente. Para empezar me parece difícil masturbarse mutuamente sin llegar al nivel de deseo adecuado para que la pareja pueda decidir que la verdad es que Si tienen ganas de hacer el amor. Sobre todo porque estamos hablando de parejas casadas hace bastante y se supone que están cómodamente acostados con todas las facilidades necesarias.   Lo que me parece una aberración es que llegado el momento uno dice al otro: "mira que hoy no tengo ganas, masturbate pues". Sería un desprecio tál por los sentimientos o necesidades del compañero o compañera, que llegaría a hacerle daño hasta lo mas profundo de su alma.

Igual de absurdo sería la situación de "Ya que hoy no tienes ganas, te respeto y me masturbaré". Da una sensación de: "No te necesito para nada" que desde luego no puede aportar nada bueno a la relación de pareja.

Masturbarse es un acto muy íntimo. No se hace en vez del acto sexual. Es algo aparte. En la juventud, cuando no se tiene pareja, alivia pero nunca sustituye.

La solución a este problema es la siguiente: la cuestión no está en saber si ella tiene ganas o no, sino si él es capaz de despertar en ella las ganas..

Eso no ocurre por obra y gracia del Espíritu Santo, hay que trabajarlo!

Además en la mujer ocurre un efecto de bola de nieve: cuanto más y mejor le hacen el amor, mas se le va apeteciendo. Y si le hacen el amor muchas veces muy mal, pierde las ganas por completo y se vuelve frígida. Las que se consideran frígidas desde siempre, se deberían analizar si es posible que, lo que les pasó era que, le hicieron el amor desde el principio muchas veces sin haberla calentado debidamente. Lo cual tuvo por resultado que la idea de hacer el amor no le resulta erótica en absoluto. También las mujeres que a la larga han perdido la esperanza de conseguir algún orgasmo se vuelven apáticas en la cama ya que han abandonado el interés por intentarlo siquiera.

El hombre se debe de plantear de no penetrarla nunca antes de que ella se lo pida: "¡por favor!". Y mientras esto no ocurre, él la tiene que acariciar sin prisa pero sin pausa. Realmente es verdad que la mujer es como la guitarra, solo funciona bien si la tocan bien.

Hay que darse cuenta que al hombre no le cuesta ningún trabajo eyacular y no entiende que la mujer tiene tantas complicaciones. La razón es que se habrá pasado media juventud masturbandose y viene ya muy entrenado. Pocas mujeres se han masturbado en la juventud o muy tardíamente. Ellas tienen que pensar que es un acto natural instintivo, que no le tiene que dar vergüenza ni sentimientos de culpabilidad. Es la oportunidad que tiene de entrenarse. Si ya tiene marido u hombre que comparta su vida, no tiene que pensar que le está haciendo un feo. (Aunque no es necesario que él sepa que lo hace, por si acaso). Si ella pierde esta oportunidad de entrenarse tardará quizás muchos años en realizarse verdaderamente como mujer y sería una lástima ya que la felicidad en el amor puede hacer posible aguantar muchas penalidades en la vida, como pobreza y problemas de toda índole.

Y es posible que tarde bastantes años en aprenderlo. Dicen que pocas mujeres llegan a disfrutarlo plenamente antes de los treinta.

También dicen que ni siquiera un 30% de mujeres llega a tener orgasmo en toda su vida....

Eso hay que cambiarlo, es horrible pensar que sea así. Hay que luchar contra eso. El amor sexual en muchas ocasiones dulcifica la vida. Si un momento dado te da por pensar "¿Y yó que tengo en la vida?" pero tienes una vida sexual satisfactoria, te puede compensar por todo lo demás. El orgasmo bien vivenciado deja en la mujer una sensación de amor hacia su compañero. Una sensación muy útil y necesaria ya que los hombres por lo general son egoístas y no ayudan en la casa, echan canas al aire y dan muchos quebraderos de cabeza.

El tiene que insinuarse con cuidado, casi imperceptiblemente, tocándola. Puede pasar la mano por su pecho, tocando el pezón, a ver por donde sale. Aunque ella puede rechazar ese gesto ya que la sensación suele ser demasiado fuerte. (Por eso pasa que la mujer ya se siente sexualmente agredida aunque solamente la han tocado los pechos). He escuchado comentarios de mujeres que expresaron la firme decisión de no dejarse tocar en los pechos por nada del mundo, lo cual es una lástima, ya que en los pechos está la clave del gozo de la mujer. (Como no soy científica, con la palabra mujer no quiero decir todas las mujeres en general, sino ésta mujer, de la que estamos hablando).

Aquí el problema está en la falta de información. Estamos cargados de energía que en el acto sexual vamos a intercambiar. Y la mujer tiene esta energía polarizada según la fecha de su ciclo. Se puede saber en qué fase está de su ciclo, según su reacción al ser tocado en los pezones, ya que en los momentos fértiles ella está mas deseosa de ser tocada y hacer el amor, y en las fases no fértiles la molestará el contacto demasiado directo. En los días justo antes de la regla esto se puede convertir en insoportable.

Pero esto solamente resulta un problema si no se sabe solucionar, ya que lo único que pasa es, que necesita en esos momentos un acercamiento mas sutil.

Desde luego el cariño es lo primordial y evidentemente hay que empezar por los besos. Y si ella parece nada interesada en el sexo en ese momento, hay que irla engañando un poco y empezar a rascarle la espalda. Después hay que pasar a acariciarla los brazos. De arriba abajo, hasta los codos, apreciándolos disfrutándolos. Tomando el tiempo. También los costados, con mucha lentitud, relajándola. Después hay que pasar a los pechos, pero sin tocar los pezones, acariciándola suavemente como disfrutando del tacto y admirándolos tocándolos. Se transmitirá la sensación perfecta si mientras acaricias, te figuras lo que siente ella y le transmites mentalmente tu cariño y deseo.

A partir de este momento es casi seguro que la polarización de su energía haya cambiado lo suficiente como para poder aguantar y disfrutar del próximo paso, que serán los pezones.

Para poder tener mas seguridad de no recibir un gesto de rechazo o repelús en vez de tocarlos con las manos, bésalos y chupalos con un ritmo lento y uniforme. El pecho está conectado en línea directa con el fondo de la vagina, con el punto exacto del placer, ahí donde ocurrirá el orgasmo si el marido tiene suficiente paciencia y arte para guiarla hasta ese momento. Por eso tiene tanta importancia de saber lo que se está haciendo, y porqué, y no perderlo de vista en ningún momento.

Dicen que hay mujeres que tienen orgasmos múltiples, yo no digo que no. Aunque personalmente me temo que lo que ocurre es que ellas están en un continuo estado de "casi" orgasmo, sin poderse concentrar debidamente y el marido tocándola aquí, allí y en todas partes sin ton ni son y sin sistema lógico de ninguna clase.. (o a lo mejor no la toca siquiera)

Es pues así: se va manejando los pezones de los pechos, lentamente, sin parar ni cambiar en ningún momento, sin prisa pero sin pausa. Si es posible, con las dos manos, con un delicado pero firme movimiento de los dedos como si fuera contando dinero. Algunas veces hacia la punta, otras veces como si fuera desenroscando y enroscando el pezón. Según la inspiración del día. (De la mujer). Siempre que la postura no permite hacerlo con la boca, ya que esa sensación resulta mucho mas perfecta. Eso puede llevarla a la pura locura. Sobre todo si la mujer no está acostumbrada a tener orgasmos y no sabe manejar esta situación.   La mujer mas entrenada es posible que llegue a tener un orgasmo de esta manera aún sin penetración.

Se aconseja empezar con la boca y cuando la mujer está a punto para ser penetrada, (en el momento en que deja de respirar con dificultad y pasa a los gemidos) se pasa por encima de ella quedando a sus espaldas. Esta postura tiene la ventaja de que ella puede apretar bien sus muslos, aprisionando mejor el pene y de paso produciéndose presión sobre todo el área exterior de los labios y clitoris. Si ella suele tener dificultad en tener el orgasmo es aconsejable que se agarre con las manos al colchón y ponga en tensión a todo el cuerpo, que tire ligeramente de la matriz hacia adentro, lo cual produce una sensación como si estuviera aguantando el pipí y se concentre mucho, pensando únicamente en el sitio más interior de la vagina. Sin que divaguen sus pensamientos. No es aconsejable pues tener la radio puesta ni de hablar en este momento.

Se ha observado que la mujer tiene preferencia a estar acostada sobre su costado izquierdo lo cual ya desde antiguo se reconocía como el lado sexual. Antiguos libros de educación de los jóvenes recomiendan prohibirles acostarse sobre el lado izquierdo para no fomentar su libido.

En esta postura el marido tiene sus dos manos libres y pasa a acariciarla los pezones con las dos manos rodeándola con los brazos, aplicando el sistema arriba referido.

Y llegó el momento de penetrarla.

Adoptando un ritmo lento, igual al que se está aplicando a los pezones. No haga movimientitos nerviosos en los pezones porque corre el riesgo que le den un bofetón. Puede hacerlo con una sola mano si no está cómodo, además da lo mismo tocar un pecho que otro ya que son perfectamente intercambiables. Lo que no puede hacer es parar. Si la mujer está gimiendo, todo va bien, no cambie por nada del mundo. Si en un momento dado el sonido que ella produce cambia y va pareciendo a sollozos es que por alguna causa ha perdido el hilo y teme perder la posibilidad de tener el orgasmo. Puede ser que el marido ha pasado de manejarla a ella, a manejar a su pene o al clitoris de ella, lo que resulta completamente fuera de lugar.

A partir de aquí se puede esperar su orgasmo de un momento a otro. Si siente que ya está ocurriendo, no cambie de ritmo por nada del mundo. Ni el movimiento de sus caderas ni el ritmo de sus manos. Hasta que ella no atrape sus manos para impedirle que sigue. Esto es la mejor demostración de que ha tenido el orgasmo. Si ella es de las personas que no gime porque la da vergüenza es mas difícil averiguar como va su orgasmo, pero la prueba del pezón no puede engañar. Si ha estado con una mujer y tiene duda para saber si se ha corrido, tócale los pechos. Si hace un gesto como para defenderse, cubriendoselos con las manos, tuvo orgasmo. Si se deja tocar simplemente, no lo ha tenido.

En el momento del orgasmo la polaridad de los pechos cambia tan drásticamente, que el toque pasa de golpe de ser imprescindible a ser insoportable.

Pero nunca pare por su propia iniciativa, ya que todo el proceso puede truncarse en el ultimo momento y es muy difícilmente recuperable. En el caso de que el marido no ha eyaculado todavía podrá seguir normalmente, aunque ahora sin tocarla los pezones. Y si eyacula antes que ella, deberá seguir sin cambio el movimiento de los pezones con paciencia. Nada se ha perdido, si no empieza a hacer cosas molestas como salirse de ella o quererla meter un dedo para substituir el pene ya flácido.

En este momento del relato se puede llegar a la conclusión de que si ella puede correrse aún sin penetración o después de la eyaculación, también se puede llegar a la conclusión que el tamaño no tiene nada que ver y aún con el pene mas pequeño, si el hombre es hábil, podrá conseguir orgasmos gloriosos.

Hay mujeres que solo pueden llegar al orgasmo en esta postura.

El hombre que suele soñar con que le hagan la felatio, o sea, que le chupen el pene, cree que la mujer sueña con que la hagan lo mismo. Y como él espera convencerla alguna vez y él está más al día y más lanzado, decide hacérselo a ella, para después más adelante estar en una mejor posición para pedirselo. Piensa que va a hacerla una caricia íntima de lo más valioso. ¿Y que ocurre? Que ella ni fu ni fa. Además no le gusta a ella porque la da corte. La da asco ajeno. Y se queda fría fría.

¿Que les pasa en el clítoris, lo tienen insensible o atrofiado?

Ciertamente que no. Pero no hay que tocarla directamente sobre él, ya que sí lo tiene muy sensible, pero de tal manera como si fuera una rozadura en la carne. Todo molesta. Las manos del hombre exactamente ahí parecerían más ásperas de lo que verdaderamente están.
Y la boca pierde el tiempo.

Además el Deseo de ella no reside allí, reside en el fondo de la vagina.

Si su mujer todavía no le ha hecho el gran regalo de hacerle éso, tiene que plantearse estos detalles: el hombre que no está limpio como los chorros de oro ya se puede ir olvidando. Dicen que los olores humanos son afrodisíacos, pero no en ese momento ni en ese "lugar" y mucho menos los "sabores". La higiene es primordial.
Intenta solo pedírselo cuando ella está en un momento de mucho calor y deseo. (Bésala, acaríciala y cuando ella esta bien a punto para hacer el amor, entonces pídaselo). Estará más en la onda y tendrá el instinto a flor de piel.

Y ella, si todavía no se ha animado a "hacérselo" tiene que plantearse estos detalles: Si Usted está casada ya hace una serie de años y su marido ya está bastante aburrido y habla sobre "todos los días patatas es demasiado" y después de nuestra protesta por ese comentario sale con que todos los días caviar es igualmente aburrido, si es Usted de mediana edad y ya está acomplejada por su apariencia. Y si Usted tiene valor y se decide a hacerle "eso", verá abrirse delante de Usted un horizonte nuevo. En el momento que Usted se da cuenta que tiene el poder de hacerle disfrutar como un cosaco, que el vuelve a "enviciarse" con Usted como cuando tenía 18 años y el cuerpo perfecto, la persigue por la casa metiéndola mano y besándola sin ton ni son,

con una alegría juvenil y nueva ilusión de vivir, ¿no se plantearía, que Usted disfruta tanto o más de "eso" que él? Puede que dé una nueva dimensión a su vida y se sienta mas realizada y todo. Ésto, la va a resultar ¡**el invento del año**!

Además, si al hombre le ocurre la eyaculación precoz, la mejor solución es de tener aquella noche "sesión doble" y no hay mejor manera de resucitarlo, que de esa manera. Verá como la segunda vez ya no tiene eyaculación precoz.

Consejos para la mujer que no tiene orgasmo en el acto sexual.

Si Usted ya tiene cierta edad, o sea si ya hace bastante tiempo que tiene una vida sexual y no tiene orgasmos, tiene que darse cuenta que el orgasmo esta formado por unas contracciones rítmicas, automáticas de unos musculitos que hay dentro de la vagina, además de los que sujetan el clitoris. Si es, como parece, que no la funcionan los musculitos, habrá que hacer gimnasia.

El primer paso puede consistir en, cuando está en el water, orinando, Usted intenta aguantarse 5 o 6 veces por lo menos, cortando y soltando el orín. Tendrá que mirarse mientras, ya que los sentidos engañan a veces y es mas fácil saber lo que está consiguiendo si lo ve. Cuando le sale bien este ejercicio, después de una serie de días, puede estarlo ensayando durante todo el día ya sea sentada, ya sea de pie o andando mientras trabaja en casa. Queda entre tirar mentalmente de la matriz hacia arriba, o del ano hacia dentro o aguantar el pipí. Contraer y aflojar, contraer y aflojar etc. Puede ejercitarlo intercambiando un sitio con el siguiente. (matriz, meato y ano). La puede entrar un estado de desasosiego y le pueden subir los colores a la cara y también le pueden dar palpitaciones, le puede entrar un no sé que y un que sé yo, ya que son ejercicios sexuales. Descanse si ese estado la molesta demasiado. Si lo que le pasa es, que se calienta de verdad pues mastúrbese. No es malo, no es pecado, no es sucio, no es raro, es entrenamiento. Esto es sú cuerpo y tendrá que llegar a conocerlo a la perfección y a dominarlo también. Y no permitirá que unos prejuicios la impiden llegar al nivel que desea.

"Se te ha enseñado a dudar, en una cultura que hace hincapié en cosas como estas: no puedes, no es decente, está mal, es ridículo, eres demasiado pequeño, demasiado grande, demasiado joven, demasiado viejo, una chica, un chico, no eres de la procedencia adecuada, qué dirán los vecinos, no tienes lostítulos, preparación o la experiencia adecuados. De la duda ha salido el temor a tu grandeza, el temor a la desaprobación, al fracaso, a la intimidad e incluso al éxito". (Tus zonas mágicas)

Cuando ya sabe hacer el ejercicio muy bien, se tiene que plantear la siguiente situación (y eso fue otro **invento del año**): Si Usted alguna vez se ha masturbado y ha llegado perfectamente al orgasmo, se tiene que figurar que había una cámara en la habitación y que ahora existe una película. Figuramos que Usted es buen técnico de cine y buen artista y la toca dibujar la figura de su marido sobre esta película de tal forma que ya no se trata de una película de una mujer que se estaba masturbando, sino de una pareja haciendo el amor. La figura de la mujer no puede ser cambiada, tiene que seguir tal cual y al marido le tendremos que colocar donde podamos. Ahí donde ella se acaricia, le dibujamos las manos de el debajo de la manos de ella, así resulta un efecto como que ella le guía a él, enseñándole como hacerlo. Y para la penetración, él tendrá que aprovechar la postura existente y los movimientos de ella.

La próxima vez que hace el amor con su marido mire mentalmente su película y copia todo lo que ve ahí. Y a ver lo que pasa.

Y un último consejo: Habla, habla, habla con su marido. Acláreselo todo. Dile: cuando me tocas ahí, no me gusta y cuando estábamos haciendo esto, tenía ganas que me acariciaras allá; y tócame aquí y tócame ahí y sigue, sigue.

La comunicación es el 95% del éxito. Preguntarse mutuamente: ¿qué sientes cuando te hago esto y qué te gustaría, ayuda mucho para aprender el uno del otro.

Sobre otras posturas.

La famosa postura, que se ve últimamente tanto en la tele, en la que ella esta sentada a horcajadas sobre el, que parece la definición a ultranza de una mujer entusiasta, tiene una serie de desventajas que son como sigue: Si él tiene el pene muy grande, ella se puede hacer daño ya que puede golpearse con todo su peso en la matriz.

Si él lo tiene pequeño, en esta postura con las piernas tan abiertas ella no podrá aprisionarle adecuadamente y ni el ni ella notarán un contacto lo suficientemente perfecto para disfrutar.

Aunque para la mujer que siente el orgasmo en el clítoris puede que sea una postura en la cual ella puede manejar personalmente el roce que quiere conseguir, sin interferencias del hombre.

Para el hombre susceptible tengo que decir, que la mujer que se topa con un hombre con el pene pequeño, la entra el mismo complejo que a él: complejo de coño grande o coñazo. Ya que el problema evidentemente no es de él: es de ambos.
Y hay que preguntarse: ¿Pequeño? ¿En comparación a qué? Las mujeres las hay de toda la gama de tamaños posibles, referente a sus órganos sexuales, como igual pasa a los hombres. Es posible toparse alguna vez con una persona muy poco adecuada para Usted: Ella lo tiene muy grande y Usted no. O ella lo tiene pequeño y Usted no. Si eso tiene mas importancia que el amor, que sepa Usted que "para cada frasquito existe su tapaderita"

No hay hombres mejores ni peores, solo son reencarnaciones con ciertas trabas, para superarlas y aprender.
La forma que tenemos es perfecta: somos chispas divinas.

Pero como Dios nos envía los problemas para aprender de ellos y para superarlos, la cuestión es poner el ingenio en marcha. Si es un amigo de paso: con la boca le hará muy feliz. Y si es el hombre de su vida: La postura arriba descrita es muy satisfactoria. También puede hacer ejercicios especiales para aprender a dominar su vagina a la perfección. Es cuestión de ponerse de pie y introducirse un objeto romo, perfectamente limpio no muy grande, por la mitad dentro y por la mitad fuera y con su fuerza de voluntad impedir que se caiga al suelo. Es como profundizar sobre el ejercicio anterior (Es aconsejable poderse ver y mirar, con un espejo en el suelo o algo así). Dicen que con la ayuda de un espejo cualquier persona es capaz de aprender a mover sus orejas en media hora! (pues aquí es cuestión de aprender a mover otra cosa). Repetir este ejercicio hasta que lo haya aprendido. Días, semanas, meses, lo que haga falta. ¿Nunca ha visto el documental de aquella filipina?, que en una sala de fiestas hace la demostración de ponerse un cigarrillo en la vagina y ¡fuma! eso si es dominio! Este ejercicio es muy bueno para la mujer que ha tenido muchos hijos y está un poquito dada de si.

Algunos pensamientos muy profundos sobre el envejecimiento:
El hombre pierde el impulso pero no la fertilidad.
La mujer pierde la fertilidad pero no el impulso.
Además: "No pares, no pares". Eso cuenta lo mismo para el hombre que para la mujer. La mujer no perderá ni el impulso ni la flexibilidad de los órganos sexuales si sigue activa hasta que se muera. La menopausia no significará nada para ella. Solo la liberación de la puñetera regla. No se deje convencer de que tome hormonas para: "Seguir siempre joven" Solo la sacarán el dinero. La menopausia es natural. No significa que la falte algo. Ni que la tiene que faltar de nada, ni mucho menos la libido ni la alegría de vivir.
Tendrá todas las depresiones que se la apetecen y sensaciones de haber acabado o de no servir para nada, si la dan la gana de montarselo de esa manera. Pero no por culpa de la menopausia: por culpa de Usted misma o los malos consejeros/as.

Habrá que hacer mas ejercicio para prevenir la osteoporosis, pero con eso hay que empezar mucho antes, porque eso es bueno siempre.

Yo tuve una tía-abuela que se "ligó" a sus 94 años a un señor de 80 en la casa de reposo. Estaba enamorada como una niña de 18 años. Y a todas las mujeres de la familia nos relató sus peripecias en la cama. Estaba eufórica.

Pero eso si: ¡No pares no pares! ¿Dejó Usted de jugar al tenis a sus 42 años y ya no se hace a la idea de volver a empezar? Pues con esto ocurre lo mismo ¡ten cuidado!

Un pensamiento profundo sobre las relaciones entre los hombres y las mujeres: El hombre ofrece cariño a cambio de sexo.

Y la mujer ofrece sexo a cambio de cariño. ¿No se había dado cuenta todavía? Pues vaya negocio, ¿no?

Sobre infidelidades. Si alguna vez resulta que se da cuenta que su marido le es infiel, ¿que solución buena podremos dar a eso? También puede ocurrir que es la esposa la que echa una cana al aire, con eso de la igualdad de la mujer. La solución resulta idéntica.Si su marido tiene una amante Usted se tiene que plantear primero estas preguntas: ¿Usted quiere a su marido? ¿Le ama, le adora y no quiere perderle por nada del mundo, porque sino Usted se muere de pena? ¿haría cualquier cosa para volverle a conquistar? Pues se tiene que dar cuenta, que estará muy ilusionado con eso de tener una amante y que va a ser imposible conseguir que abandone la idea. Entonces no merecerá la pena de exigir de que escoge entre Usted o ella. Porque correrá el riesgo de que no le va a gustar la contestación. En estas circunstancias la regla de oro es de no ser desagradable NUNCA con el, no le vaya a empujar hacia sus brazos. Si tiene ganas de llorar, gritar y morder, llora y grita con la cabeza debajo de las almohadas, también podrá morder a las almohadas, eso no molestará a nadie. Con él, simpática, sobre todo en la cama muy solícita y interesada. No se le ocurre nunca decir algo así como: "Me das asco, después de haber estado con ella ahora estas conmigo". Dale gracias a Dios, que es a él a quien no se le han quitado las ganas de estar todavía con Usted, ya que a algunos hombres les ocurre eso y no pueden estar con dos mujeres a la vez. Además eso demuestra que todavía la quiere o sea: lo que le pasa es que aunque se haya encaprichado momentáneamente, no es por desamor hacia Usted. Es por amor hacia la aventura. Entonces lo que ocurre es que trae pensamientos morbosos a casa y luego quiere estar con Usted. Se va a sentir plenamente realizado pudiendo estar con las dos mujeres amadas. Y aquí se tiene que dar cuenta que Usted también forma parte de su felicidad. Que esa felicidad no sería completa sin Usted y no es enteramente debido a ella. No le vaya a decir: "Esa calentura, que traes, no tiene que haber nada conmigo, a mi no me vengas con mimos ahora". Si se acuesta con el en estas circunstancias el gozará como nunca, porque tiene a ella en su mente, pero se da perfectamente cuenta que gozó en SUS brazos. Por muy encaprichado que esté el. Si Usted aguanta aplicando esta táctica será poco probable que la abandone por ella. Usted tendrá que intentar ser la mejor, sobre todo en la cama. No intente ser la mejor ama de casa ni la mejor cocinera. Solamente se sentirá mas sacrificada todavía.

Y después de haber alimentado al Espíritu y el Físico: Vamos a hablar sobre un par de regímenes que toda persona debería de conocer

El régimen del Doctor Atkins: "La revolución de las dietas". Vaya dilema, el libro te aconseja comer a base de carne y yo era vegetariana.

De cualquier manera me di cuenta que ese régimen funcionaba de forma genial, ya que todas mis amigas empezaron a fundirse como hielo al pleno sol y me tuve que decidir, porque mi deseo de adelgazar era muy grande. Y llegué a adelgazar 16 kilos en unos cuatro meses, sin medicamentos y sintiéndome divinamente!

Este régimen si que fue **el invento del año** porque fue mi sueño hecho realidad. Un régimen que funciona y es fácil de llevar, que no parece un régimen, ¡sino un placer!

El régimen es pues como sigue:
Los primeros tres o cinco días comes solamente a base de carnes, aves, pescado, queso, huevos y ¡grasas! (Mayonesa, nata).
Empiezas a desayunar un filete del tamaño que tú quieras o un pollo asado entero, o huevos con bacon y un café solo o té, agua o una bebida de régimen, lo cual desaconsejo, ya que si te vas a intoxicar como lo vas a hacer, en este régimen, las bebidas artificiales serían la "puntilla".

A media mañana un huevo duro con mayonesa, o lonchas de jamón y queso, por mediodía pescado, (o pescado + carne + queso + huevos) sin rebozar pero con mantequilla o mayonesa. La verdad es que puedes comer la cantidad que puedas de las cosas permitidas. No pasarás hambre nunca. De postre café solo, con sacarina y un pegotito de nata montada. A media tarde unas lonchas de jamón y queso y por la noche, vuelto a empezar: unos filetes de pollo o ternera en la cantidad que tu hambre requiera. Los vegetarianos pueden conseguirlo con solo pescado, queso y huevos. Si hay alguna cosa que no te gusta: nada es imprescindible, come solo de lo que te gusta.

Aquí lo que se demuestra es que la grasa no produce grasa. El azúcar y las harinas, o sea carbohidratos, producen la grasa que nos engorda.

Comiendo de esta manera no queda azúcar en la alimentación y el cuerpo tiene que echar mano al azúcar que se encuentra almacenado en forma de grasa en el propio cuerpo. En estos primeros días sientes mucha hambre (bueno, no es hambre, es el "Mono" del azúcar), pero como puedes comer, no sufrirás demasiado. También sientes desfallecimiento, a causa de la falta de azúcar en el riego sanguíneo, (mientras, se aconseja tomar cosas mas saladas, calditos y también aceitunas) pero deberías aguantar, ya que a partir del momento en el que el cuerpo se haya adaptado a la nueva situación, te va a suministrar el azúcar de manera natural y equilibrada, convirtiendo tu propia grasa otra vez en azúcar para tu energía y te sentirás nueva y llena de fuerzas. Y el hambre se te habrá desaparecido por arte de magia: ¡Se te habrá cambiado el metabolismo! En vez de metabolizar los azucares de los alimentos que te tomabas, ahora el cuerpo metaboliza sus grasas propias y las quema y las hace desaparecer!

Desde el primer día hay que tomar un complejo completo de vitaminas, ya que sería una lástima que porque te sientas flojo vayas a tener que dejar el régimen. Después de los primeros 4 ó 5, días en los cuales comes nada mas que proteínas, debes de empezar sin falta a comer verduras verdes, en ensaladas y hervidas, ya que tienen muchas vitaminas y minerales, son buenas para la salud y sacian. Los alimentos vivos dan vida y los alimentos muertos no.

Habrás perdido ya peso, lo cual ayuda mucho a seguir con el régimen. Podrás comer las cantidades que quieres de los alimentos permitidos, pero también hay que beber para expulsar bien las toxinas extras que tiene este régimen y alguna infusión laxante suave, ya que tiende a estreñir.

La alimentación de la segunda etapa puede tener este aspecto:

Desayuno de té con sacarina y zumo de medio limón (muy importante por las vitaminas) ensalada de lechuga, apio, pepino, cebollas con huevo duro y mayonesa, pescado de lata, como caballa o melva. (Nada de atún ya que miles de delfines al año se mueren en las artes de pesca de los atuneros). Nada de tomates, ni zanahorias, ni remolachas, ni maíz, porque tienen todavía demasiada fécula o azúcar.
O huevos con bacon y espinacas o acelgas hervidas, rehogadas con aceite y ajillo y café con sacarina y un POQUITO de nata montada. O tortilla de queso.

Este régimen resulta muy llevadero porque te permite tomar grasas, que sacian (lo cual no significa que no estarás mejor sin ellas). Depende de ti y de cada momento, si te encuentras cansado o deprimido: tómate las grasas que quieres, si te sientes valiente y animado: prescinde de ellas.

El régimen contempla hasta cuatro etapas en las cuales cada vez vas añadiendo un poquito mas de carbohidratos, no pan y esas cosas sino ya las zanahorias por ejemplo o algunas nueces. Hay unas tiras reactivas que puedes comprar en la farmacia para analizar la orina (Inter acetona). Se moja con algo de orín y si sale morado estas haciendo bien el régimen, si no reacciona, has tomado demasiados carbohidratos.

En la última etapa puedes tomar postres como flan de huevo con nata o fresas con nata, también nata con nueces. Siempre endulzados artificialmente. Y existe el speisequark de Danone que apenas tiene carbohidratos y tomado con sacarina y mezclado con cierta cantidad de agua sabe mejor que la nata. Y no hay persona humana capaz de tener una orgía de dulces, después de haberse tomado un tarro de esos.

Al final se acaba comiendo normalmente, siempre prescindiendo del pan, los dulces y los azucares y avisan sobre las frutas dulces que te pueden hacer recaer en las orgías de los dulces y pasteles igual que los alcohólicos que no pueden tomar "solo uno" si toman un poco se tiran de cabeza a por la borrachera entera. Es pues aconsejable prescindir de las frutas dulces o después de la fruta tomar queso fresco para frenar el efecto. Poner el queso en la mesa en el mismo momento que la fruta, sino, en el momento que va a la cocina a por el queso meterá la mano en el tarro de las galletas antes de que se haya dado cuenta! (Las frutas se toman siempre como plato único, nunca como postre).

Aplicando el régimen del Doctor Atkins, él en su libro comenta que las personas a veces se "atascan" o sea por alguna causa, y siguiendo el régimen al pie de la letra, se encuentran con que no están adelgazando nada. La primera vez que yó lo apliqué, a mi me funcionó genialmente, en cambio después de unos 15 años volví a empezarlo y resulta que no fuí capaz de perder ni un gramo.

Investigando sobre el tema cayó en mis manos un folleto sobre la lecitina, que relata que la lecitina tiene ácidos grasos poli insaturados. Lo cual quiere decir que es una molécula abierta o sea no completa todavía, que se dedica a completarse cogiendo de sus alrededores por un lado un átomo de grasa y por otro un átomo de agua. Esto tiene por resultado que sea un producto que consigue mezclar el agua con el aceite, un emulsionante. (En la industria se utiliza, y por medio de la lecitina se consigue el cacao instantáneo, la margarina que está hecho de aceite etc.) La lecitina está hecha de soja y no es un medicamento, es un alimento. Aunque se compra en botes en la farmacia. El cuerpo lo produce por si solo si la alimentación es la adecuada. Y dentro del cuerpo hace la misma acción arriba mencionada. De esta manera mantiene la grasa en suspensión en la sangre, evitando que se pegue dentro de las arterias, fomentando que puedan las grasas entrar y salir libremente por los capilares. Resulta entonces un remedio primordial y reconocido para luchar contra la arteriosclerosis y los ataques al corazón. Pero también se da el caso de que si no hay suficiente lecitina en el riego sanguíneo, cuando Usted quiere adelgazar, la grasa de su cuerpo está inmovilizada y por mucha gimnasia que haga y por menos alimentos que ingiere, no puede perder un gramo ya que le falta el transporte adecuado. Aquí el problema es debido a que hemos aprendido que las grasas poli insaturados se hallan en las aceites vegetales y otros productos, pero no nos damos cuenta, que los tratamientos modernos que dan a los productos para que no se rancien también dejan saturados a los ácidos poli insaturados.

Otro régimen que fué primordial en mi vida fué este que os voy a relatar ahora mismo.

Resulta que ya desde que tenía 17 años me dolía la espalda. Ya por aquel entonces iba a un fisioterapeuta para que me aplicara masajes. La razón que me dieron era que al ser mujer tenía tendencia a tener debilidad en los ligamentos de la cadera y así me cansaba más. Pues me lo creí. Y llevé arrastrando eso toda mi vida. A veces no me dolía nada, pero a veces ni podía estar sentada y ni descansaba en la cama. Como creía que era algo congénito, no me fui al médico hasta que tendría unos 40 años. Porque se me había vuelto insoportable. El médico me miró por la pantalla y me dijo que era artrosis: "¿Dices que te duele a la derecha? ¡Pues no veas como también lo tienes a la izquierda!"

Me dio una gran cantidad de medicamentos que me sentaron fatal. Vomitaba y hasta me desmayé. Cuando yo le dije que tenía la depre a causa de eso, porque pensé: "si esto es la vejez, como será lo que me estará esperando todavía", me dijo que no pasaba nada, que de la artrosis todavía no se había muerto nadie. Además pensando que habíamos dejado las vacaciones siempre para cuando nos fuéramos a pensionar y digo: ¿donde vás con este cuerpo?

Y me dijo el médico que la artrosis solamente duele en el principio, que deja de doler: "cuando se te cuajan los huesos". O sea, hay algo que se está "criando" sobre los huesos, que hace que se quedan pegados juntos y claro pierdes flexibilidad, vaya: ¡que te quedas tieso! Y pensé: ¡A mi no se me va a cuajar nada! ¡Yo hago gimnasia! Y hice gimnasia y se me hincharon los huesos de la espalda tánto, que me parecía un camello.

O sea, desesperada.

Y entonces fui al naturista y me dijo que estaba completamente intoxicada (me miró en el iris del ojo), Que comiera 40 días de la manera siguiente y después que fuera a que me cambiara el régimen.

Pero no volví nunca.

Se me quitaron todas las penas y nunca mas me volvió a doler de esa manera.
¿Quien se podría haber figurado, que te puede doler la espalda tanto por comer mal?
El estómago quizás.
¿Pero la espalda?
Eso si que fué: **El invento del año.**

(Mas tarde me enteré de una persona, que había tenido un accidente de coche y muchas operaciones, a quien le dolía siempre todos los huesos después de una borrachera).

Aclararé qué más síntomas tomo en cuenta, no vaya a ser que no coincidimos en todo y que les vaya a sentar mal esta forma de comer.
Estaba siempre cansada y me dolía la cabeza de forma fatal antes de cada regla. Algo de sobrepeso. Tenía la tensión baja y se me dormían las manos. Entonces si tiene Usted la tensión alta, informese antes por si acaso. Y claro, un dolor de espalda insoportable. Y varices.

Este régimen es como sigue:
Lunes:
Una hora antes de desayunar: un vasito de zumo de naranja y limón mezclado con 2 cucharaditas de polen/lecitina (eso lo venden así en la farmacia) La naranja es una fruta ácida y el limón curiosamente es alcalino, se contrarrestan pues. Aunque Usted no le gusta eso tan ácido, toma todo lo que hay en la receta, no se salte nada. Está muy científicamente sopesado. No le falta ni le sobra nada. Todo tiene su razón. ¡No se salte nada!
A la hora de desayunar, un café flojito: Flojo de café, flojo de leche y flojo de azúcar. (Aguado pues) Dos biscottes (pan tostado integral de paquete) con un poco de queso fresco y media cucharadita de miel para los dos biscottes y una manzana.

A media mañana: un yogurt blanco, mezclado con un poco de salvado y, si quiere, edulcorante artificial con una pera.
Una hora antes de comer: un gran vaso de agua.
A la hora de comer: una ensalada de Tomates, apio blanco, zanahoria y rabanitos, Yo lo metía todo en la turmix, ya que de la otra manera no eres capaz de tomar gran cantidad de todo eso, sino solamente unos trocitos, ya que son todas verduras ásperas. De esta manera se parece un gazpacho, añadiendo un poco de ajo queda mejor. Con judías verdes hervidas acompañadas de una gran cantidad de cebollas fritas. Un huevo duro. Y algún biscotte.
Si analizas esto se saca esta conclusión: Zumos para la vitamina C. Polen por los minerales. Lecitina para curar del colesterol y mejorar la circulación y el corazón. El café para que no te dé el "mono" los biscottes para relleno y el queso fresco para las proteínas y la miel para la energía. El yogurt para poner a tono el estómago: mejora la posibilidad de digestión. El salvado para ir mejor al water. La pera tiene fama de ser buena contra la artrosis. El vaso de agua, para que no necesitas beber a la hora de comer, lo cual ocasionaría indigestión.
Los tomates tienen fama de subir la tensión. El apio es bueno para orinar. Zanahorias: Vitamina A. Los rabanillos para la circulación. Judías verdes por el hierro. Cebollas en cantidad para los riñones. huevo = proteínas.
Inmediatamente después de comer: una taza de infusión de hierbas: "Obesidad de Aquilea" de la farmacia. Está muy rica. Afloja la barriga pero con muucha suavidad. Y dos pastillas magnogene de la farmacia. Es magnesio, contra el cansancio. Vienen cubiertas por una película y no causan trastornos en el estómago.
A media tarde: un yogurt con salvado y una manzana.
Una hora antes de cenar: un gran vaso de agua.

Por la noche: Una ensalada de lechuga (para dormir bien) con tomate, cebolla y apio. Champiñones rehogadas con ajo. Proteínas de los champiñones y los ajos para la circulación. Patatas asadas con salsa de cebolla cortadita, perejil y aceite de oliva virgen. El perejil es la verdura mas completa que hay. es un concentrado de vitaminas no debería faltar en la mesa de ninguna casa. Y antes de acostarse una infusión de aquilea y dos tabletas de magnogene.

Martes.
Una hora antes del desayuno: Un zumo de naranja con pomélo con dos cucharadas de polen/lecitina.
A la hora de desayunar: Un café flojito, dos biscottes con queso blanco y media cucharadita de miel.
A media mañana Un yogurt con un poco de salvado y una manzana.
Una hora antes de comer un gran vaso de agua.
A la hora de comer: una ensalada de tomate, zanahoria, apio blanco y rabanillos. Queso fresco, alcachofas (que buenas, rebozadas con huevo) y un montón de cebolla rehogadita. Algún biscotito.
De postre: La infusión con las pastillas.
A media tarde: Yogurt con salvado y pera.
Una hora antes de cenar: Un gran vaso de agua.
Para cenar: fruta de cualquier clase, biscottes con queso fresco y poco miel. Y un zumito de tomate.
Y por ultimo la infusión con 2 magnogene.

Miércoles.
Un zumo de naranja con limón, polen y lecitina.
Un café con biscottes queso blanco y miel.
Un yogurt con salvado y una pera.
un gran vaso de agua.
Ensalada de tomate, zanahoria, apio y rábanos. Pescado blanco al horno con aceite, ajo, perejil y limón. Coliflor al ajillo. Y cebollas rehogadas. Biscotte.
Infusión de Aquilea con magnogene.

Un yogurt con salvado y una manzana.
Un gran vaso de agua.
Ensalada de lechuga, tomate y apio, Habas al ajillo y patata asada con salsa de cebollas, aceite y perejil.
Infusión y pastillas.

Jueves.
Un zumo de naranja con pomélo, polen/lecitina.
A la hora de desayunar: Un café flojito, dos biscottes con queso blanco y media cucharadita de miel.
A media mañana Un yogurt con un poco de salvado y una manzana.
un gran vaso de agua.
Ensalada de tomate, zanahoria, apio y rábanos. Judías verdes al ajillo y cebollas rehogadas. Un biscotte.
Un yogurt con salvado y una pera.
Un gran vaso de agua.
Para cenar: fruta de cualquier clase, biscottes con queso fresco y un poco de miel. Ensalada de apio y zanahorias.
Infusión y pastillas.

Viernes.
Un zumo de naranja con limón, polen y lecitina.
Un café con biscottes queso blanco y miel.
Un yogurt con salvado y una pera.
un gran vaso de agua.
A la hora de comer: una ensalada de tomate, zanahoria, apio blanco y rabanillos. Queso fresco, alcachofas rebozadas y cebolla rehogada. Algún biscotte.
Infusión de Aquilea con magnogene.
Un yogurt con salvado y una manzana.
Un gran vaso de agua.
Ensalada de lechuga, tomate y apio, Guisantes hervidas al ajillo, patatas asadas con salsa de cebolla y perejil.
Infusión de Aquilea con magnogene.

Sábado:
Un zumo de naranja con pomélo, polen/lecitina.
A la hora de desayunar: Un café flojito, dos biscottes con queso blanco y media cucharadita de miel.
A media mañana Un yogurt con un poco de salvado y una manzana.
un gran vaso de agua.
A la hora de comer: una ensalada de tomate, zanahoria, apio blanco y rabanillos. Queso fresco, alcachofas rebozadas y cebolla rehogada. Algún biscotte.
Infusión de Aquilea con magnogene.
Un yogurt con salvado y una pera.
un gran vaso de agua.
Para cenar: fruta de cualquier clase, biscottes con queso fresco y un poco de miel. Y un jugo de tomate.
Y por ultimo la infusión con 2 magnogene.

Domingo.
Solo fruta. De todas las frutas que se te ocurren. Pero solamente una clase de fruta a la vez. Empiezas con manzanas: solo manzanas. ¿Después de un par de horas naranjas?: Solo naranjas.
Después de un buen rato: fresas solas. etc. Y un par de yogurts.

Es buena comida, mucha comida y no te acuerdas de las cosas prohibidas, que son todas las que no salen en esta receta.
Si te duele la espalda: ya verás como no te va doler hacer este régimen.

Empezar a trabajar en la directiva de un grupo ecológico fue para mi desde luego **el invento del año**. Lees tantas cosas en los periódicos y ves tanto en tu alrededor que tienes que tener el corazón de piedra para quedarte impasible. Me hice socia de Greenpeace, para calmar mi sentido de la culpabilidad, pero peor, ahora iba recibiendo tanta información, que habían más razones para sufrir. También me hice socia del FAPAS, que sobre todo defiende el oso pardo. La SEO que defiende los pájaros. ADA que los animales, Adena, la naturaleza. Más, Más, cuanto mas información recibía, mas me daba cuenta que por mucho que ayudabas se hacía demasiado poco. Hasta que me encontré con unas personas que trabajaban en la directiva de un Grupo ecologista: ITACA y les ofrecí ayudarles. Ellos tenían muchos contactos en la EEB y necesitaban comunicarse en inglés. y por ahí empecé. Las primeras traducciones se las hice escritas a mano, para empezar inmediatamente a ensayar en la vieja maquina de escribir. Tuve la suerte que mis hijos me regalaran una maquina electrónica con 2 páginas de memoria. Y al final me busqué un cursillo de informática para aprender el WordPerfect y acabé comprándome el ordenador. Y heme aquí, que sin ordenador nunca hubiera podido ser escritora. Si tu me vieras escribir sin ton mi son para después cambiar los trozos de texto de sitio para darles mas sentido, éso no se puede hacer en una simple maquina de escribir. Yo jamas había escrito un libro, ni un diario, ya que las pocas veces que lo intenté me pareció ridículo. Y heme aquí que un día ni se me hubiera ocurrido y el próximo ya había empezado un libro. Para que veas que los caminos de Dios son inescrutables. Y que en esta vida hay otras cosas más, que las simples cosas que vemos con nuestros ojos y sentidos comunes. Y que no existe la casualidad.

Respecto a la ecología, todos nuestros esfuerzos deberían dirigirse hacia la meta de que la Administración dicte leyes concretas, ya que ahora es posible encontrarse con la situación de que todas las decisiones que tomamos respecto a los comportamientos ecológicos se nos van a convertir en cargos de conciencia o sea nuevos pecados.

Cuando trabajas por la ecología te encuentras con la idea que todos tenemos que aportar nuestro granito de arena y que debemos ser: Ecologista en casa" Que cada gota de agua que salvamos y cada grumo de detergente que no volcamos al río es uno. Que no enchufemos tanta luz ni desperdiciemos envoltorios. Que reciclemos los cristales y los papeles.

Yo opino desde el punto de vista de la autorrealización (es de eso de lo que he estado hablando todo el rato en este libro) debemos de exigir insistentemente a la Administración que prohíba lo nocivo, como las bombillas que gastan demasiado, y los detergentes con fosfatos etc. Que ponga los contenedores del papel a reciclar y los cristales cerca de nosotros. Ya que de otro modo te vas encontrando con situaciones como: Este detergente es mejor para la naturaleza, pero más caro: Dilema. Ahora compro el mas barato pero me siento culpable. Si ya en la vida normal nos hemos liberado de las culpabilidades, ¿ahora vamos a volver de nuevo buscándonos otras? Tú coleccionando papel viejo en tu casa como un hámster, para tener que ir hacia otro municipio para entregar el papel. ¿Y si un día estás hasta las narices de vivir entre tanta suciedad y vuelves a empezar a tirarlo a la basura, ¿ya tienes un cargo de conciencia? Ten cuidado con eso, no merece la pena.

> Vasoniev: "Hay algo más importante y mas fundamental que el orden social y es el orden interior. No hay nada, absolutamente nada, más precioso para el hombre que su orden interior. Ni siquiera el bien de las generaciones futuras"

Las personas que estamos acostumbradas a leer muchos libros de psicología y autorrealización habrán escuchado de este concepto de que "tienes que quererte a ti mismo". Es un concepto que llega hasta una profundidad insospechada muy liberadora si se comprende a la perfección.
Nos parecía que es algo así como sigue:

"Tu crees que estas gorda y que ahora tu psicólogo te quiere convencer, de que no pasa nada, que eres estupenda y no te preocupes".
Pero de eso nadie será capaz de convencerte.

Algo tiene que haber con eso, pero es mucho mas profundo. Es que tú no puedes consentir que un momento dado te sientes "Miss Universo", "La elegida", porque la persona de la que estás enamorada te ha mirado o declarado su amor. Para después quedarte convencida que eres una persona miserable, sin valor, sin atractivo, despreciable, inútil, que no ha estado a la altura, lista para el psiquiatra cuando el sueño se acabó. Debes de ser consciente de la chispa divina que llevas dentro.

El necio es victima de su destino pero el sabio lo modifica.

Dicen que los sentimientos de rechazo, ira, odio, desprecio y culpabilidad a la larga se nos reflejarán en el cuerpo como enfermedades. Si llevas toda una vida arrastrando con un sentimiento de culpabilidad y remordimiento, podrás acabar con un cáncer por ejemplo. La solución no nos parece fácil ya que todos arrastramos culpabilidades y remordimientos, ya que: "Todos somos grandes pecadores". ¿Y que solución puede haber para eso, si vivimos en este mundo que es como es y nosotros somos como somos? ¿No hacer las cosas para no sentir culpabilidad después?
¿Pero y si no hemos nacido para ser santos?

Tenemos que convencernos a nosotros mismos que tenemos derecho a pensar como queremos y hacer lo que queremos y ser como queremos y estar orgulloso de ello al mismo tiempo. Tenemos que actuar espontáneamente sin sentirnos frenados continuamente por el pensamiento de: ¡Esto es ridículo! o ¿que dirán? Tenemos que aprender a ser nosotros mismos plenamente sin dejarnos influir por los demás. Tenemos que exigir el derecho de ser una persona completamente original, sin copia posible. Eso significa romper moldes y sobre todo no hacer caso a los demás para tener una opinión de si mismo. Siempre hay que quererse a si mismo y apreciarse y admirarse. Eres como Dios decidió que fueras y eso no puede ser otra cosa que perfecto. De que vayas encontrando trabas en tu camino solo tiene que haber con la necesidad que tienes de aprender. Puedes tener trabas en tu apariencia física o en tu comportamiento, todo tiene que haber con tu necesidad de superación, forma parte de tu camino. No adelantarás nada con machacarte con ideas de inferioridad o no valía, de vergüenza o puntos de vista afines. Empieza todos los días como una pizarra limpia: Hoy es el primer día del resto de tu vida.

    No hagas a los demás lo que no quieres para tí. Pero perdónate a ti mismo lo que también eres capaz de perdonar a los demás.

    Tenemos que abandonar completamente el sentimiento de la culpabilidad, ya que ese sentido no nos va servir para evolucionar y avanzar. Si hiciste algo que piensas que deberías haber hecho mejor, (o mejor no) Lo que debes hacer es no volver la vista atrás y decidir hacer todo siempre lo mejor que puedes. Tu valor no reside en la opinión que tienen los demás de tí sino en la opinión que tú tienes de tí mismo. Y tú ya sabes: tu personalidad es divina. Deja que salga al exterior.

"Hace falta una independencia total: que dejen de importar la opinión ajena, sea de quien sea, y la propia. En nosotros se forma algo que gana nuestro respeto, que sobrevive a nuestras degradaciones. Que le haga respetarse a sí mismo, incluso en sus momentos de ruindad, Se alcanza entonces una cumbre de soledad desde la que se descubren los seres, se les respete y se les comprende". (Lo que yo creo, Luis Pauwels, Plaza y Janes)

Wayne W. Dyer. Tus Zonas Mágicas.

Libros de Lobsang Rampa: Ediciones Destino, Ancora y Delfín

Parapsicologia con Cesar Rubiáles Martín de Málaga.

Yoga en la Gran Fraternidad Universal.

Sofrologia en la consulta del Doctor Contreras Alemán de Málaga.
Régimen contra la artrosis del Dr. Contreras Alemán de Málaga.

La Revolución de las Dietas del Dr.Atkins.

Lo que yo creo, Luis Pauwels, Plaza y Janes.

"El Iniciado" de Cyril Scott, editorial Luis Cárcamo.

"Usted puede sanar su vida" Louise l.Hay. Circulo de lectores.

ITACA, asociación para la defensa de la Naturaleza. aptdo.3004 Málaga 29080.

Sistemas sencillos para:
Entender el concepto de Dios.
Conseguir clarividencia.
Quitar verrugas.
Aliviar obsesiones.
Conseguir a la persona amada.
Adelgazar 16 kilos en 4 meses.
Curar la artrosis.
Curar los ojos bizcos.
Conseguir un orgasmo si nunca se ha tenido.
Conseguir hacer feliz a una mujer en la cama. Aun con el pene mas chico.
Hacer gozar al marido como un cosaco aún después de 30 años.

www.ingramcontent.com/pod-product-compliance
Lightning Source LLC
Chambersburg PA
CBHW061504040426
42450CB00008B/1479